365日の親孝行

志賀内泰弘

まえがき

この本を手に取って下さった「あなた」は、おいくつでしょうか？

もし、40歳で、もう、故郷から遠く離れて都会で暮らしているとしたら、お父さん、お母さんが天国に行かれるまで、あと何回会えると思いますか？

仕事が忙しくて、なかなかまとまった休みが取れない。家族を持ち、子供たちが中心の生活になると、ますます時間が自由にならない。せいぜい、お正月とお盆に一度ずつしか里帰りできないというのが一般的です。とすると……。

現在、「あなた」のお父さんの年齢が70歳、お母さんの年齢が67歳と仮定しましょう。平均寿命が男性81歳、女性87歳とすると、天国に召されるまでに「あなた」が、ご両親に会える回数は、それぞれ、
お父さんの場合　余命年数（81歳－70歳）×2回／年＝22回
お母さんの場合　余命年数（87歳－67歳）×2回／年＝40回

という計算になります。普段、こんなことを考えたこともないでしょう。おそらく、愕然《がくぜん》とされたのではないでしょうか。「あなた」にパワハラまがいのことをする上司には、ひと月に22回も会っているというのに……。

そんな、数えるほどしか会えないお父さん、お母さんに、おそらく「あなた」は親孝行したいと思っているに違いありません。苦労して育ててくれた恩返しをしたいと思っていることでしょう。誰もが親孝行したいと思っています。

でも、

忙しいから……

ちょっと面倒だから……

故郷が遠いから……

子育てで精一杯だから……

そうこうしているうちに、自分も、両親も歳を取ってしまったことに気付きます。

居酒屋へ会社の同僚と飲みに行った時、トイレで腰の曲がった男性と入れ違いになり、ふと故郷のオヤジを思い出す。ホテルで、友達とランチ会をした時、隣の席に白髪の年配の女性を見て、母親のことを思い出す。「後で、実家に電話しよう」と思って、そのままになってはいないでしょうか。

せめて、母の日にカーネーションを、父の日にネクタイを贈ることしかできない私。でも、日頃から、もっともっと「親孝行」しなきゃと思っている。

でも、でも、何をしたらいいのかなぁ。

何をしたら、喜んでくれるのだろう。

みんなはどうしているんだろう。

「親孝行」というと、何か「特別なこと」をしなければならないようなイメージがあります。旅行や食事をプレゼントするだけが、「親孝行」ではないこともわかっているはずです。それは、日々の「普通の暮らし」の中で、一緒に季節の移ろいを楽しみ、穏やかに過ごすこと。ときに悩み事を相談し合い、一緒に泣き笑いすること。

「今日はいい日だったねぇ」

「うん」

と言い合えることこそ、真の「親孝行」ではないかと考えます。

故郷から離れて暮らしていても、すぐにできる「親孝行」があります。

同居しているお父さん、お母さんが笑顔になる「親孝行」があります。

別に、それは、特別なことである必要はありません。

「こんな親孝行もあるんだ」

「そうか！　これも親孝行なんだね」

という、様々な形の「親孝行」を３６５掲げました。

どうか、「あなた」とあなたの「ご家族」が幸せなひとときを過ごせますように。

もくじ

まず何から始める？親孝行アイデアリスト

親孝行をしたいけど、何をしたら親が喜ぶかが分からない時に。まずは、できるところから、1つはじめてみてはいかがでしょう。

何をしたらいいかわからない

66 ふと、思い立った時に電話する→P74

267 母親の愚痴に付き合う→P294

忙しくて時間がとれない

21 家族団欒の時間を作る→P16

121 旅先から地方の名物を送る→P132

お金にあまり余裕がない

33 「いつか楽させてやるからな」と言う→P34

103 幼い頃に作ったような肩たたき券を作ってあげる→P109

同居または近くに住んでいる

離れて暮らしている

親と一緒に何かをする

ものでなく心を贈りたい

たまには贅沢させてあげたい

孫との時間を贈りたい

親との距離を縮めたい

77 若い頃の暴言を正座してきちんと謝る→P80

105 実家のご近所さんにお土産を持っていく→P110

親ができないことを代わりにやってあげたい

81 ペットボトルのフタを開けてあげる→P88

325 不用品をネットで売り出してあげる→P356

親の身体が不自由になったら（介護中など）

286 手を握る、手をさする→P310

287 ささいな症状や検診でも、通院に付き添う→P314

1月

去年のお盆は、息子がサッカーでケガをしたので帰省できなかった。だから1年ぶりのふるさと。オフクロの顔ってこんなに皺《しわ》があったかな。

1

両親に、改まって「あけましておめでとうございます」と挨拶《あいさつ》する

年の初めくらいは、きちんと、きちんと。

2

実家におせち料理を持ち寄る

きんとんは、お母さん。昆布巻きはお姉ちゃん……。「福」を持ち寄る。

3

おせち料理を「やっぱりお母さんの黒豆が好き」と言い、分けてもらう

おふくろの味は、こうでなくっちゃね。

4

孫を連れて年始に行く

ジジババが一番楽しみにしているのは、あなたより……。

5

何歳になっても、お年玉は遠慮なくもらう

いつまで経っても、親は親、子供は子供。

6

両親にお年玉を渡す

今まで育ててもらった感謝の気持ちを込めて。

7

母から、我が家のお雑煮の作り方を学ぶ

お雑煮こそ、その家に伝わる「おふくろの味」の象徴です。

8

神社で宝船の絵を授かり、両親の枕の下に敷いて初夢を見てもらう

日本古来の言い伝え。七福神が船に乗っている図柄です。

9

認知症の母とスゴロクや福笑いをして遊ぶ

人は歳を取ると、幼い頃に還るといいます。

10

家族全員で、書初めに今年の抱負を書く

それぞれ、目標を見せ合うのも、年の初めに励みになる。

1月

11 親に届く年賀状の枚数を超える

年賀状が増えるということは、社会人としての幅が広がるということ。

12 伊勢神宮へ代参しお札をいただいてくる

歳を取ると旅行もなかなか難しい。江戸時代から「代参」というものがあります。

13 近くの川の土手へ、両親と七草がゆの草を探しに行く

けっこう見つかるものですよ。セリ、ナズナ、ハコベラはあちこちに。

14 鏡開きに母とぜんざいを作って食べる

ぜんざいって、甘くて温かくて、心がポカポカする。みんなで食べたらなおさら。

15

父と銭湯へ初風呂に行く

お正月に銭湯に行くなんて、ちょっと粋《いき》じゃありませんか。

16

成人式の晴れ着を両親に見せる

ひょっとしたら、健康でこの日を迎えられたことが、一番の親孝行かも。

17

大寒に煮込みうどんを作ってあげて一緒に温まる

誰でもコンロで煮るだけで作れちゃう。料理下手なあなたにも。

18

七福神の札所を両親と巡る

全国各地に無数(?)にあるんです。きっと、あなたの町にも!

19

帰省できなかった時は元旦に電話をして孫の声を聞かせる

孫の声を聞くだけで、エネルギーが出るものなのです。

20

鎮守の森の氏神様に両親と初詣に行く

氏神様は、そこに住む人々の守り神です。

21

家族団欒《だんらん》の時間を作る

昼休み、会社の近くの店で、そばをすすっていると、後ろから肩を叩かれた。

「おう、矢島～」

「あ、先輩……ゴホッゴホッ」

「悪い悪い、むせちまったか」

「ゴホッ……大丈夫です」

オレは、水を飲み干した。

「オヤジの葬儀じゃ世話掛けたな」

「いえ、至りませんで。受付のお手伝いくらいしかできなくて」

「いや、それが嬉しいんだ。親父は矢島がずっとそばに居てくれて、きっと喜んでたと思うよ」

先輩とは大学も同じで、その強い推薦もあって同じ会社に就職した。そのため、よく自宅へ招かれて、先輩のお父さんとも酒を飲んだ。月見パーティとか、庭の花見バーベキューとか言って、ことあるごとにホームパーティをするのが好きな家で、まるで本当の息子のように可愛がってくれた。

「まだ若かったしなぁ。朝、冷たくなってたってんだから、オフクロもオレもショックでな。親孝行する前に死んじまったよ」

「親孝行してないんですか？」

「ぜ～んぜん。温泉に連れて行くとか、海外旅行でもプレゼントするとか……考えてはいたけど、『いつか』なんて思ってるうちになぁ」

元気そうに繕《つくろ》ってはいるが、相当参っている様子だ。こういう時、どう励ましていいのか。人生経験の乏しい自分としては、掛ける言葉が見当たらない。

「でも、でも、先輩……十分に親孝行だったんじゃないですか？」

知らず知らずに、そう口にしてから「しまった」と思った。案の定、先輩が聞き返す。

「え？　なんでだ？」

オレは頭をフル回転させて考えた。すると、これまた知らず知らずに言葉が出た。

「先輩んち、しょっちゅう家族で宴会してたじゃないですか。それも、お父さんやお母さんの友達とか、オレとか入れ替わり立ち替わり参加して。なんていうか……そういう一家団欒というか、お父さんを中心にした大きな屋根の下の温かな家族っていうのがいいなぁって、いつも思ってたんですよ。そういう『時間』を一緒に過ごしたって、スゴイ親孝行だったんじゃないですか？」

先輩の目が赤くなった。

「ありがとうな、矢島」

なぜ、急にそんな言葉が出たか、オレは気付いていた。もうどれくらい実家に帰っていないだろうかと。

オレは今度の週末、故郷へ帰ろうと決めた。

家族団欒をしに。

22

自分の誕生日は両親に感謝する日

「ねえねえ、お婆ちゃん」

「何よ、甘えた声出して。わかってるわよ、欲しいものがあるんでしょ？」

お婆ちゃんは何でもお見通しだ。私は100％お婆ちゃん子。両親とも学校の教師をしているので、いつも帰りが遅い。土日も、部活の指導やら行事とかで家に居ることの方が少なかった。

「来週の土曜日さ、優花の誕生日なの」

「はいはい、わかってるわよ。それで何が欲しいのよ」

「うん、バイトに来ていく服が欲しいの」

「変な子だねぇ。服が買いたいからバイトしたいって始めたんじゃないの？」

「だって、バイトへ行くのにいつも同じ服ばかり着て行ったら恥ずかしいもん」

私は、カフェでバイトをしている。もちろん制服はあるが、更衣室では何気なくお互いのファッションをチェックし合う。同じ服ばかり着て行くと、見下されている気がするのだ。

「ということで、ごめん。お婆ちゃんはさ、コート担当。ちょっと高いから、お父さんとお母さんには言いにくくて」

「何よ、お父さんお母さんにもねだる気なの？」

「もちろん。お父さんには靴。お母さんにはネックレス」

「優花、それがいけないとは言わないけどね……」

「な〜に？」

「来年は二十歳よ。いつまで誕生プレゼントもらう気なのよ」

「……」

そう言うと、祖母は急に畳に正座をし、背筋を伸ばして言った。

「いい、優花ちゃん。あなた大切なこと忘れてる」

「え!?　……何？」

「誕生日ってどういう日？」

「決まってるじゃないの。生まれた日よ」

「なんで生まれたの？」

「そりゃ、お父さんとお母さんが……、愛し合って……」

「そう、お父さんとお母さんのおかげで、優花ちゃんが生まれたの。いいかい、誕生日っていうのはね、何かもらう日じゃないのよ。もらってもいい。でもね、もっと大切なことがあるの。この世に産んでくれて、『ありがとう』って両親に感謝する日なの。それだけは忘れないでちょうだいね」

私は、ひと言も返せなくなっていた。恥ずかしかった。そんな当たり前のことを、意識したこともなく、今まで誕生日を迎えていた。

決めた。今度の私の誕生日には、お父さんとお母さんを、自分が働くカフェに招待しようと。

23

オフクロと妻がケンカした時、妻には内緒でオフクロから愚痴を聞いてやる

親孝行も奥さん孝行も、根源は一緒です。それは「思いやり」と「気配り」。

24

付き合い始めたら、すぐにカレシを両親に紹介する

心配させないことが一番の親孝行だとすると、全部開けっ広げにする方が気も楽です。

25

「ここで働いているんだ」と職場を見せて安心させる

それができる職場環境なら、ぜひ！　いくつになっても。親は子供のことが心配なのです。

26

兄妹で日頃から連絡を取り合い、両親の様子をさりげなく見守る

何か物を贈ったり、何かしてあげたりするだけが親孝行じゃないから。

27

仕事や家庭のやりくりをして、姉弟で交代で両親の介護をする

一人で頑張ろうとすると、自分が倒れてしまう。それを親は望んではいない。

28

海外赴任で実家に帰れないので、両親を介護している兄を金銭で応援する

できる親孝行、できない親孝行がある。自分のできる親孝行を考えてみる。

29

孫を実家に預ける

娘は、すこぶる勝気だ。いったい誰に似たのか。私も妻も、どちらかというと、のんびりしている。私立の進学校に通い、「勉強、勉強」と追いまくられたせいかもしれない。独立心も旺盛《おうせい》で、人に頼るのが大嫌い。たいていのことは、一人でやってのけてしまう。

その娘が、初めて四苦八苦しているのを知った。子育てだ。これだけは、大変らしい。ところが、人に甘えようとしない。妻が、「いつでも助けてあげるわよ」と言っているのに、「うん、頑張るから大丈夫」と言う。

一度孫を預かった時には、ケンカになってしまった。

「あのね！　おやつ食べさせる時にはね、ちゃんと手を除菌ウェットティッシュで拭《ふ》いてからにしてよね」

「ちゃんと洗面で洗わせたわよ」

「それじゃダメなの！　殺菌しなくちゃ」

そんなこともあり、娘は実家に寄り付かなくなった。家から車で、ほんの10分のところに住んでいるというのに……。

その娘が、今回ばかりは悲鳴を上げた。

正月明け早々、小学2年の長男がインフルエンザにかかってしまったのだ。病院から帰ると、看病に付きっ切り。勤め先に、とりあえず明日は有給休暇を申請したという。

幸か不幸か、夫の峰雄君は海外出張中。心配は、幼稚園の年長組の妹への感染だ。マンションが狭くて、長男を別の部屋に隔離するわけにもいかない。

「ゴメンネー、お父さん」

「気にせんでもええ」

「お母さん、旅行に出掛けるはずだったんだって?」

「ああ、高校の時の友達と沖縄へね。今、旅行代理店にキャンセルしに行ってるよ」

「だからか〜、なんか電話で怒ってたもん」

「いやいや、そんなことはないよ。それより礼を言いたいくらいだ」

「え？」

「母さん、お前に頼られて嬉しいんだよ。なんかイキイキしてる」

「うそ⁉」

「怒ってるフリしてるだけさ。ポーズだよ、ポーズ。母さんは何しろ根っからのおせっかいだからね」

口には出さないが、私も孫と遊べるのは嬉しい。

だが、それは娘にも妻にも内緒。

30

朝ドラを見て、毎日、展開についておしゃべりする

母と、よくケンカする。おせっかいで、口うるさい。一緒に暮らしていると息が詰まりそうになる。

そのため、真っすぐ帰宅しないようになった。同僚と一杯飲みに行ったり、一人で映画を観ることもある。32歳のOLにしては、淋しい毎日だ。周りの友達の多くは、結婚して孫の顔を見せて親孝行しているというのに。

同じ屋根の下に暮らしているのに、ほとんど口を利かない。これじゃあダメだ、とわかってはいる。

母は言う。

「そんなんだから、嫁のもらい手がないのよ」

「誰のせいよ、もっとキレイに産んでくれたら」

「顔のせいにしてるうちはダメね。ブスの私が結婚できたんだから」

正解。まったく反論の余地はない。さらに最近の母の口癖は、「婚活してるの？」だ。答えはイエス。でも、私はものすごくメンクイ。特に、最近人気急上昇中の俳優・吉沢亮の大ファン。だから、なかなか実らない。

その亮が、ＮＨＫの「連続テレビ放送」で主人公の恋人役を務めることになった。朝ドラなんて見たことがなかったが、ランチの後、休憩室で欠かさず観るようになった。でも、土曜日は会社が休みなので、家で母と一緒に観る。

「この子、カッコいいねェ」

と母。

「いいでしょ、大好き！」

「やっぱり男の趣味もＤＮＡかしらね」

「演技も上手いでしょ!?」

「い〜わね、私も好きになっちゃった」

「ダメよ」

「いいじゃない、あんたのもんじゃないんだから」

「ダメダメ！」

そう言うと、母が笑った。

それがきっかけだった。それから毎晩、帰宅すると、その日の朝ドラのストーリーについて語り合う。父は、観ていないので何を言っているのか理解できない。

「ねえねえ、二人は別れるのかな？」

「それじゃ視聴者が許さないでしょ」

「でも、今日の終わり方って」

「大丈夫よ、まだ水曜日なんだから展開はあるわ」

翌朝、たまたま父と一緒に駅へ向かった。父が、こっそり話してくれた。

「お母さん、お前と朝ドラの話をするのが毎日楽しみらしいぞ」

「え！　ほんと？」

知らなかった。でも、私もそれが楽しいことに気付いた。父がさらに言う。

「いい親孝行してるな、お前」

31

「最近、顔色が良さそうだね」と励ます

「顔色が悪いけど、大丈夫?」という声掛けは、
反対に落ち込ませてしまうことがあります。

32

「苦労かけてごめんね、自分も親になって初めてわかったよ」と感謝の言葉を口にする

そうなんですよね。
親にならないとわからないことって、いっぱいあります。

33

「いつか楽させてやるからな」と言う

嘘でもいいじゃないですか。根拠のない言葉でも
いいじゃないですか。気持ちです。

34

オフクロと妻の諍《いさか》いがないように取り持つ

地位や名誉、お金よりも大切なこと。
これこそが、本当の男の甲斐性です。

35

両親を大切にしてくれる男性と結婚する

そういう男性はきっと、自分の両親も大切にしているに違いありません。

36

夫婦ゲンカをしても両親に心配をかけないよう、悟られないようにする

まったく夫婦ゲンカしない夫婦なんて、この世にいるのでしょうか。
大切なのは「そこ」です。

37

親よりも出世する

オレにとって、実家は近寄りがたい存在だ。本当は、行きたくない。でも、盆と正月には必ず顔を出す。実家で「いとこ会」があるからだ。大勢いる仲の良いいとこたちと、酒を酌《く》み交わしながら近況を語り合うのが楽しみで仕方がない。

オヤジは6人兄弟の長男で、家を継いだ。家業は農家だが、それだけでは食べていけない時代。地元の農業高校を卒業すると、農協に就職し、今では、副組合長をしていて地元の名士でもあり、大出世だ。オレはそのオヤジからことあるごとに「出世しろ、出世しろ」と言われていた。オヤジの人生にとって、「出世」は一番の関心事なのだ。大学に行ける経済的な余裕がなかったので、それがコンプレックスになっていたらしい。

毎回、顔を合わせると、ひと言目のセリフは「出世したか?」。こんなこと、いまどき口にする親は珍しいだろう。ふつうは「元気でやってるか?」ではないか。だが、当人は至って真面目。だから戸惑う。「ああ、頑張ってるよ」と言葉を濁す。オレはどうやら親不孝者らしい。

今回は、よけいに行きたくなかった。というのは……会社でリストラに遭《あ》い、系列の子会社に飛ばされてしまったからだ。「いとこ会」の大宴会の乾杯の後、いきなりオヤジに言われた。

「マサシ、名刺見せてみろ」

オレはしぶしぶ取り出して渡した。

「なんだ、聞いたことない会社だな……。肩書は課長のままだ」

「ああ」

なんと、居心地の悪いことか……。沈黙が流れた。もう帰りたくなった。その時、マーちゃんが声を上げた。マーちゃんは、昔から一番に可愛がってくれている兄のような存在の従兄で、大きな広告代理店に勤めている。

「マサシ！　この前サンキューな」

「ああ、どうってことないよ」

オヤジがマーちゃんに「どうしたんだ？」と尋ねる。

「いやさあ、今度、町おこしの大きなイベントの企画があるんだけど、行政とトラブっちゃってさぁ。それでマサシに頼んだんだ」

「どういうことだ？」

オヤジはキョトンとしている。

「マサシ、いくつもボランティア団体に関わってるだろ。地域の清掃とかピンクリボンとか、それに市民祭りとか。それで、顔が広いんで代議士の先生とか市長とかを紹介してもらったんだ。おかげで、解決した。マサシのおかげさ」

オヤジが眉をひそめて、ボソボソと言った。

「なんだ、知らないうちに出世したじゃないか」

オレは、生まれて初めて褒《ほ》められたような気がした。

38

わざと心配を掛けてみる

妹である私は、自分で言うのもおこがましいが、几帳面《きちょうめん》で完璧主義。努力家でどんなことでもあきらめずに打ち込む性格だ。そのため、両親に、一度も心配を掛けたことがない。

それに対して、姉の結衣は物事に寛容……というか、おおざっぱでルーズ。何をしても長続きしなかった。部活や習い事もすぐにやめてしまう。だから、両親、特に母親からは「心配のタネ」だと、いつも言われていた。

年月が流れ、二人とも「恋」をして、めでたく家庭を持った。偶然にも、私も、姉も、実家の近くに新居を構えた。

結婚したというのに、相変わらず姉のルーズな性格は治らない。結婚前に、料理教室に通ったが、三日坊主。そのツケが回って、毎日の献立には四苦八苦していた。姉は困ると、すぐに実家に駆け込む。そして、母の作ったおかずを、パックに詰め込んで持ち帰る。

「実家が近いって、ホント大助かりだわ」

などと、うそぶいている。

それに比べて、私にはセンスがあるのだろう。ネットで有名シェフのレシピを調べ、チョチョイと作れてしまう。誰にも頼らず、何でも一人でできてしまうのだ。


さらに年月が流れた。

私は、心の中に「淋しさ」を抱くようになっていた。姉は、すっかり実家に入りびたりで、年老いた両親と、まるで友達みたいな付き合いをしている。旦那や子供の世話も適当にして、両親と一緒に夕ご飯を食べ、さらには父の晩酌の相手をして酔っ払い、結局、実家に泊まることもしばしばだった。

それに対して私は、両親に甘えることも、迷惑を掛けることもなかった。それは、「良いこと」のはずなのに、なぜか淋しくてたまらない気がするようになったのだ。

そんなある日、母親が救急車で運ばれた。たまたま、姉が深酒して泊まった日の夜中の出来事だった。姉が救急車に同乗した。急性胃炎とのことで、担当医からは

「数日の入院でおうちに帰れますよ」と言われたそうで、ホッとした。

病院の待合室で、姉と二人きりになった。良い機会だと思い、この頃募る「淋しい思い」について打ち明けた。

「なんだか、お姉ちゃんが羨《うらや》ましいよ」

と。すると、姉から意外な言葉が返ってきて驚いた。

「何言ってるのよ、あんた。心配掛けるのも親孝行なのよ。甘えたり、迷惑掛けるのも大切なことなのよ」

「え⁈　お姉ちゃん、まさか、わざと……」

「そんなわけないじゃない」

と、姉は本当とも嘘ともつかない表情で笑った。

まずは自分に聞いてみよう

「今まで」と「これから」の
親孝行自己診断チェックシート

両親についての、次の10の質問にお答えください。
もちろん正解はありません。思ったままを書き出してみましょう。

1

A 親と同居している場合
毎日、親と会話をしていますか？

B 実家が比較的、近くにある場合
月に何度、会っていますか？

C 実家が遠い場合
年に何度、会っていますか？　月に何度電話をしますか？

2

母の日、父の日、それぞれの誕生日に
毎年プレゼントをしますか？

3
「親孝行したい」と考えることがありますか？

4
幼い頃、お父さん、お母さんに迷惑を掛けたという
忘れられない出来事がありますか？

5
最近、両親に「ありがとう」と言ったのは、
「いつ」で「どんなこと」でですか？

6
あなたが、今までにした一番大きな親孝行は
何ですか？

7
「親不孝したなぁ」と反省することはありますか？

8
両親が、あなたのことで、今までで一番
喜んでくれたことは何ですか？

9
両親の介護が必要になった時、仕事や家庭との
調整をどうするか考えていますか？

10
あなたが今、すぐにできる親孝行は何ですか？

2月

家族全員で豆まきをしたのは、いつが最後だったっけ？

普段、あんなに怒ってばかりのオヤジなのに、鬼をやると、ちっとも怖くなかったよな。

39
節分に恵方の寺へ豆まきを親と一緒に行く

そういう理由があると、出不精の親も出掛けられる。

40
節分の恵方巻きを買って持ち寄り一緒に食べる

まだ新しい風習だけど、すっかり定着しましたね。

41
妻に頼んでバレンタインディに父にチョコをプレゼントしてもらう

息子の嫁からだって、嬉しいもんです。

42
父のため、母と一緒にチョコを手作りする

なぜなら、バレンタインのチョコに「愛情」が込められているから。

43
三寒四温で体調管理が難しい時期、父母の着るものに気配りする
歳を取ると、気温に無頓着になるものなのです。だから……。

44
雪が降った朝、実家の雪かきをしに行く
年配者が慣れないことをしたら、次の日起き上がれなくなっちゃう。

45
デートや就職試験の勝負服を選んでもらう
人生の苦難を乗り越えてきた、お母さんのセンスに任せましょう！

46
オシャレなウィッグをプレゼントする
値段もピンキリです。まずは一緒にお店に出掛けましょう。

47
母にシルバーカーを買ってあげる
便利なんですよね〜！要するにカート付きの旅行カバンと同じです。

48
ふるさと納税の返礼品の送付先を実家にする
ちょっといいアイデアでしょ！

49

どんなに忙しくても、両親の誕生パーティをする

「マーフィーの法則」というものがある。「洗車した翌日は雨が降る」という、笑えるに笑えないものだ。

絵美にも、似たような経験がいっぱいある。急ぎの仕事でビルに駆け込むと、エレベーターは行ったばかり。相手のオフィスは7階だ。なかなか降りてこない。「ようやく」と思ったら、3台が同時に来た。飛び込むようにして乗ると、一緒に乗り込んだ人たちが次々とボタンを押し、各階で止まることに……。

また今日も、そんな日になりそうで、絵美は溜息をついた。

母の誕生パーティを企画していた。それが今晩だ。母はデパートに勤めているので、まずは母のスケジュールが第一。次が夫。そして妹。父は去年退職して、家でゴロゴロしているので大丈夫。小5と小3の私の子供たちには、ジュースやお菓子の買い出しを頼んでおいた。

計画では午後7時には、実家に全員が揃うことになっている。

ところが……。そろそろ帰り支度を、と思っていたら電話が鳴った。クライアントからのクレームだった。

いつも、そうだ。プライベートの予定を入れると、「何か」が起こる。

とにかく、「平謝り」して先方の怒りを収める。気が付くと、それだけで、30分も経っていた。しかし、事態は最悪。新しい統計資料を作り直して、明日の朝一番でメールする約束を受けてしまった。もう絶望的だ。

こそこそと、休憩室へ行って携帯で妹に電話する。

「ごめん、お母さんの誕生会、行けなくなった」

「何よお姉ちゃん、お母さん楽しみにしてるのよ」

「徹夜かも……。ごめん」

と言い、電話を切った。トイレで鏡を見ると、まだ徹夜もしていないというのに、疲れた顔をしていた。しかし、そうも言っていられない。気持ちを立て直す。「さあ！　頑張るぞ」と腕まくりして部屋に戻ると、部長に手招きされた。二回りほど年上の尊敬する上司だ。

「はい、何でしょう」

「お前、帰れ」

「え？　……」

「電話聞いてた。お母さんの誕生会なんだろ」

「でも……」

「お前アホか。仕事とお母さんとどっちが大事だと思ってんだ！　資料貸せ！　俺がやっといてやる」

「……」

「俺は、もうオフクロはいない。代わりに親孝行してくれよ」

気が付くと、絵美は涙が止まらなくなっていた。

50

マッサージ師に習って、親の肩をもむ

今枝雄二郎は、家族旅行に出掛けた。

妻と、子供、そして車で1時間ほどのところに離れて暮らす両親と5人で。

みんな忙しい中、1泊で行ける温泉というのが、毎年の行事になっている。ところが、雄二郎の父親は頑固者。毎回のようにブツブツぼやく。

「みんな忙しいんだ。無理して義務みたいに行くこたぁない」

「お金を出してする親孝行の真似なんていらんぞ」

とは言っても、行かなかったことは1度もない。雄介が小学校に上がった年からだから、もう15年、15回目になる。

今回も、例の如くブツブツ言っていた。

「無理せんでもええのに。雄介の大学で金がかかるやろう」

「その雄介も、お爺ちゃんと温泉行くの楽しみにしてるんだぞ」

そう言うと、悪い気はしないらしく言葉を引っ込める。

今回は、近場だったこともあり、3時過ぎに着いてしまった。

夕食まで手持ちぶさた。それぞれが、夕飯まで自由に過ごすことになった。

雄二郎は、父親を大浴場に誘ったが、「いい、お母さんと俺は散歩して来る」と言い、出掛けてしまった。仕方なく、一人でタオルを手にして、ひとっ風呂浴びに出掛けた。


裕美は、心配していた。

それも、かなりだ。風呂に入ってくると言って部屋を出て行ったきり、夫の雄二郎が帰ってこないのだ。チェックインしたのが確か3時10分くらい。そのすぐ後だから、もう2時間半も経つ。

「裕美さん、雄二郎はまだ戻って来んのかね？」

「お義父さん、ちょっとお風呂見てきていただけません？　もしかして、露天風呂かどこかで倒れてるんじゃないか心配で」

「そんなことがあったら、ホテルの人から連絡があるだろう。救急車だって来てないし」

そう答えつつも、義父は男風呂を見に行ってくれた。広間でもうすぐ夕食だ。その時間はわかっているはず。まさか……。

しばらくして、義父と夫が一緒に戻ってきた。

「何よ、どこ行ってたのよ！　心配するじゃない」

「いやいや、悪い、悪い」

夫は頭をかきつつ、裕美にヒョイと頭を下げた。義父が、言う。

「裕美さん、勘弁してやってくれんか」

「え……？」

「こいつなぁ、風呂から上がった後、マッサージしてもらってたそうなんじゃ。そしたら、あんまり上手《うま》いんで時間を延長して、指圧のツボとかコツとか教えてもらっていたんだと。ワシも母さんも肩こりがひどいじゃろ。それで、自分がコツを習得して、マッサージしてあげようって思ったんじゃと」

裕美は、ホッとして胸をなでおろした。

「もう、それならちゃんと言ってからにしてよ。私だって肩こりひどいんだから、やってもらいますからね！」

npoo

51

兄弟仲良くする

人は近い間柄ほど、わがままを言ってしまうもの。
仲良くするだけで、親は喜ぶものです。

52

妹の悩みの相談に乗る

「顔色悪くない？」「話くらいはいつでも聞けるよ」……そのひと言で親も安心する。

53

義姉と仲良くするよう心掛ける

家族で一番難しいのは、血の繋がらない関係。
母（父）の代わりに気配りする。

54

「ここまで来られたのはお母さんのおかげだよ」と口癖のように何度も言う

「当たり前」のことですよね。そう、「当たり前」の感謝の気持ちをきちんと伝えよう。

55

写経セットをプレゼントする

信心深いご両親に。１００円ショップでも、東急ハンズ、ロフトで売ってます。

56

「お父さんが死んで一番悲しかったのはお母さんなんだよね」と慰める

悲し過ぎると、こんな簡単なことも気付かなくなってしまいます。だから……。

57

母親と一緒にネイルサロンに行く

中学の時、好きな男の子ができた。バレンタインデーにチョコを手作りしようと材料を買ってきたら、「どんな子？　親は何してるの？」と母に追及され、渡すよりも前に作ることができなくなってしまった。高校の時、耳にピアスの穴を開けようとしたら大騒ぎになった。「親からもらった身体を傷付けるなんて……」と泣きわめいた。

いったい、いつの時代か。でも、わたしはすべて母に従った。それは、母の苦労を知っていたからだ。

沙織が幼稚園の時、父親が事故で亡くなった。シングルになって、母が非正規の仕事をいくつもこなして育ててくれた。母は、学校から帰っても家にいない。それが普通の毎日。だから母は、わたしが「グレる」のを恐れたらしい。そのため、わたしが品行方正な人物になるように、厳しく、厳しくしたのだ。

そんな母の呪縛《じゅばく》から逃れたくて、大学を卒業するとほぼ同時に結婚して家を出た。

「じゃあ、お母さん。ここで」

「うん」

わたしは、ときどき母とランチする。結婚して3年目。まだ子供はいないが、そろそろと思っている。

「これからどこか行くの？」

「ネイルしに行って、それから、ちょっとお惣菜《そうざい》買ってから帰ろうかなって」

「わたしもやってみたいな、ネイル。ずっとやりたかったの。でも、一人じゃ行けないし」

驚いた。あまりに予想外のことで、ポカンと口を開けてしまったほど。

「え⁉　お母さんがネイル？」

「お母さんがネイルしちゃダメなの？　あなたを育てるのに精一杯だったんですからね。お化粧もしないで駆けずり回って、服だって安物ばっかりで」

「わかった、わかった。わかったから、一緒に行こ！」

行きつけのネイルサロンでは、担当の麻美さんが「仲良しなんですねぇ」とすごく喜んでくれた。選ぶのにあれこれ目移りしてたいへん。母はウキウキし、落ち着かないでいる。

もちろん、料金はわたしが支払った。

母は相当テンションが上がり、表に出たら「カフェに寄ろう」と言い出した。わたしは、これもついでの親孝行だと思い「いいわよ」と答えた。パッとイケメンのウェイターが目に入った。母が「あの子、カッコイイわ」とボソッと言う。わたしも好きなタイプ。そのカレが私たちのテーブルに来るなり言った。

「あっ、センスいいですね、キラキラネイル。お揃いじゃないですか！」

「え⁉」

母がサッと手を引っ込めて爪を隠した。母の頬が真っ赤になっていた。

58

カルチャーセンターで習っている水彩画を褒《ほ》める

「あなたの言う通りだったわ、ありがとう」

「そうだろ」

「お母さん、ものすごく喜んでくれた。なんだか最近、元気になっちゃって、毎日のようにスケッチブックを持って、あちこちへ出掛けているの」

私が夫に、心配事の相談をしたのは3か月ほど前のことだった。

母も、私と同じ教員だった。ほぼ生涯をたくさんの子供たちに捧げた人生だった。ところが、定年退職してすっかり元気を失くした。生き甲斐がなくなった人間は、こうも変わるのだろうか。「何か趣味を持ちなさいよ」と言うと、「そうだね、何か始めようかしら」と言い、すぐにカルチャーセンターに出掛けた。そういう行動力はある。

もともと、小学校で長く教えていたこともあり、音楽、体育、美術、家庭科と、たいていのことの基礎は身に付いている。母は、様々な講座に申し込み、取りつかれたように受講した。

書道、ヨガ、パッチワーク、パン作り、旅行英会話、仏像入門、カメラ入門……。本人も、すぐに思い出せないくらいにたくさん。

でも、どれ1つ続かなかった。もともと、「気が多く飽きっぽい」性格で、1つのことを続けるのが苦手な母だ。

「あんたが言うから通い始めたけど、どれもつまらない。家でビデオでも観てた方がいいわ」

などと言い出し、またまた家から外へ出なくなってしまった。私も、なんとか母にもう一度イキイキと暮らしてもらいたい。でも、どうしたら良いのかわからない。そこで、夫に相談したのだった。すると……。

「お前さぁ、いつも言ってるだろう。子供を伸ばすのにはコレが一番だって」

「え⁉」

「子供も大人も一緒じゃないのか？」

そう言われてハッとした。私の口癖は「褒《ほ》めて伸ばす」だ。どんなに勉強のできない子、運動のできない子でも、小さな小さな良いところを見つけて褒めて伸ばすのだ。

私はその週末、母を訪ねた。そして、始めたばかりという水彩画を手に取り、ひと言。

「わぁ～、上手《うま》いじゃない!?」

「あら、そうかしら」

「上手い、上手い」

「先生もね、初めてにしては、よく絵の具がにじんでいい感じだって」

母は、そう答えながら頬を赤らめている。私はその後も続けて、褒めまくった。

すると、どんどん水彩画にのめり込み、短期間でググッと上達。私の方がびっくりしてしまった。

夫が言う。

「お前はさあ、褒めるだけで親孝行できて幸せだよな」

59

姉弟で一緒に両親の誕生日プレゼントを選び、折半で買う

一人でプレゼントを贈るより、ずっとずっと喜んでもらえるはずです。

60

介護してくれている兄嫁に感謝をして心から労《ねぎら》う

兄嫁に感謝しているのは、看護してもらっている親です。
その親の代わりに心を込めて。

61

オフクロを大切にしてくれそうな嫁さんを見つける

言うは易し、行うは難し。
でも、これができたら人生最大の親孝行になります。

62

仕送りする

仕送りしてますか？　振込でしているって？
時には手紙を同封して、現金書留で送ってはいかが？

63

ミュージシャンなど、子供の頃からの自分の夢をかなえる

夢は、自分のためだけにかなえるものではありません。
かなえたら、喜んでくれる人がいます。

64

両親の幼い頃の夢を聞いてあげる ひょっとして実現を手伝えるかも

スフィンクスを見に行く。作詞作曲した歌を CD にする。
ポルシェに乗る。どれも手の届く夢。

65

夫婦仲良くする

父を亡くしてから、もう10年が経つ。

父は飲んだくれだった。酔っ払うと、ケンカっ早くなる。外で騒ぎを起こして、警察沙汰《ざた》になることもしばしばだった。家では、すぐに母に手を上げた。人に手を上げるようになる頃には、かなり酔いが回っているので、まもなく眠ってしまう。

朝になると、昨日のことなどまったく記憶がないらしく、「おはようさん」と言って何もなかったかのように起きてくる。小学4年生の頃には、私にも手を上げるようになった。母は必死でかばってくれた。私は泣き叫ぶ。父はアルコール中毒だった。2年、3年と耐えたが悪化するばかり。母は、親戚の人たちと相談して、父を病院に入院させ、離婚した。

その後、我が家では父の話を一切することはなくなった。でも、一度きり、父に会った。私が高校受験の日の3日前のことだった。父方の叔父から連絡があり、父が川に落ちて亡くなったというのだ。通夜の席、そして出棺まで母は泣き通しだった。言葉にはしなくても、私にもわかった。母は、あんな父でも、愛していたのだと。

私の夫は優しい。ときどき口ゲンカすることもあるが、すぐに仲直りする。父の思い出が強すぎるので、自然と「優しい」人に惹《ひ》かれるようになったのかもしれない。夫は、母にも優しくしてくれる。旅行に行く計画を立てる時には、「お義母《かあ》さんも誘う？」と言う。

二人で出掛けると、「これ、義母さんのお土産にしようか」とか「淋しくしてるかもしれないから、電話してみたら？」などと言う。夫は、母親を小学生の時に病気で亡くしている。真似事でもいいから、私の母に「親孝行」をしたいというのだ。

今日も、夫がすべて段取りをしてくれて、母の誕生会をレストランですることになった。とても美味しかった。珍しく母が「飲み過ぎたわ」と言う。上機嫌だ。母が、夫の方を向き、改まって言う。

「タケシさん、お願いがあるの。ご馳走になって嬉しいけど、それよりも……」

「え？　……何かして欲しいことがあるんですか？」

「ううん、して欲しいわけじゃなくって……。今でも十分にタケシさんも娘《むすめ》も、親孝行してくれてると思ってるの」

「何よ、お母さん？」

「あのね、私の願いは1つ。夫婦仲良く。ただ、それだけよ」

私には、それがどういうことか、痛いほど理解できた。胸が張り裂けるほどに。

「安心してくださいさい、お義母さん。僕たちは仲良しですよ」

「そうね、わかってる。それでも……お願いしておきたくて」

夫が一瞬、私の方をチラリと見た。私はコクリと頷《うなず》いた。母が「何？」というような顔つきをした。夫が口を開いた。

「一昨日わかったんですけど、今日まで内緒にしてたんです」

「え？」

「赤ちゃん、できました！」

「そうなの、お母さん！」

母が、記憶にないくらい、今までで一番の笑顔になった。

66

ふと、思い立った時に電話する

女房とは、学生時代からの付き合いだ。

そのため、わたしの「いいところ」も「悪いところ」も知り尽くしている。「いいところ」はさておき、「悪いところ」を指摘されると、「不快」になる。なぜなら、図星だからだ。

いまだに、しょっちゅう言われること。

「なんで、連絡してくれないのよ！　電話1本くらいできるでしょ」

「……会議が長引いて」

「電話できるの？　できないの？　夕飯の支度のことがあるんだから」

「しようと思えば……できるかな」

「い～い、あなたはね、そういう小まめじゃないところ、ルーズなところがいけないのよ。それができていたら、もっと出世してたはずよ！」

と、こんな具合だ。まったく、頭が上がらない。そんな女房に言われて、電話を「小まめに」掛けるように努めている。女房にはもちろん、ほかの人にもだ。

「ああ、ヤスオ。何かあったの？」

「いや、別に……いいだろ、用がなくたって電話しても」

「電車のホームね」

「ああ、今、博多駅」

「ホントは何かあったんでしょ」

「う……うん。実はさ、出張先でちょっとトラブってさ」

「人間関係？」

「あ、ああ……まあ、そんなところかな」

「昔っから人付き合いがヘタだからねぇ」

「うるせーよ」

「親に向かって何よ」

「あ、新幹線来た！　また電話する」

女房いわく。それが親孝行になるという。3年ほど前のこと。母の日に、どんなプレゼントを贈ったらいいかと相談したら、即座に言われたのだ。「たまには電話して声を聴かせてあげなさいよ」と。それがきっかけで、時々、「ふと」思いついた時に電話をするようになった。時間も場所も決めてはいない。

オフクロとの電話を切ると、新幹線のデッキからもう一本電話を掛けた。

「あらっ。ヤスオさん、お元気?」

耳元で、義母の優しい声が聴こえた。

3月

お雛《ひな》様って、お祭りが終わったら、早く片づけないとお嫁に行くのが遅れるって言い伝えがあるよね。お父さんたら、「それでもいい」なんてブツブツ言ってたっけ。

67
母の作る雛祭りのちらし寿司を習う

家々によって、「我が家のちらし寿司」というのがあるんですよね。

68
日曜日の朝は、一緒に近くの喫茶店へモーニングを食べに行く

家族連れでいっぱいの喫茶店も多いんですよ。

69
母へのバレンタインのお返しを一緒に選んであげる

父親は照れくさいんですよ。そこは娘のあなたが手伝ってあげないと。

70
春の彼岸に墓参りに行く

この前、お墓参りに行ったのはいつですか？

71

父とよく話し合って、自動車免許証を返納してもらう

男にはプライドってもんがあります。じっくりと、うまく話してくださいね。

72

会社を辞めて、介護のため故郷に帰る

何が一番大切か……思案しなくてはならない時がある。

73

関節痛を堪える母に、落語の小噺を覚えて笑わせる

笑うと免疫力がアップするそうです。笑顔を見ると、こちらも、笑顔になります。

74

母とサヤエンドウのスジを取りながらオシャベリする

ホームドラマのワンシーン。なぜか会話が弾みます。

75

ホワイトデーに母親へ感謝の気持ちを贈る

別に、お母さんからチョコをもらっていなくても、こういうことは気持ちだからね。

76

父、母の好みや健康のため料理を薄味にする

若いうちから、健康を考えるのもいいですよ。

77

若い頃の暴言を正座してきちんと謝る

わたしが育った家は、高台にある。緑も多く、いわゆる昔からの高級住宅街だ。でも、わたしは、「いいところの家」の子供ではなかった。母親は、私を産んですぐに離婚した。父親が暴力を振るい身に危険が及んだため、親戚の人たちが仲介に入って離婚させたのだと聞いている。だから、父親のことはまったく知らないし、その後一度も会ったことがない。

その親戚が段取りをしてくれ、母親はさるお屋敷にお手伝いさんとして住み込みで働くことになった。離れの六畳一間が私たちの住まいになった。そのため、小学校では「お手伝いさん」というあだ名がついた。「おい、お手伝いさん、お手伝いしろよ！」「おまえが一人で掃除しとけよ」などと男の子たちにイジメられたが、勝気なわたしは「知らん！」と無視した。ときには、先生に言いつけたりして、屈することはなかった。

でも、辛《つら》かった。それをいつも母親にぶつけた。「なんで離婚したのよ！」「ほかへ引っ越そうよ」と。もちろん、そんなことができるわけがない。母親は、わたしを育てること、生きていくことに必死だったのだから……。にもかかわらず、わたしは悪態をついた。ある日、勢いで言ってしまった。

「くそババア」

母は、悲しげな顔をして、ポツリと呟《つぶや》いた。

「ごめんね」

わたしは、母親の心を傷つけた。そして、そのことはわたしの心の傷にもなった。

時が流れた。わたしは、家を出て就職し、遅くはあったが結婚をし子供にも恵まれた。遅く訪れた幸せに、感謝し通しの毎日だったが、つい先日、ショッキングな出来事があった。高校3年生になる息子を叱ったら、こう言われたのだ。

「このくそババア」

腹が立つよりも「あの日」のことが蘇《よみがえ》った。忘れられない、あの母親の悲しげな顔。

わたしは、このままではいけないと思い立ち、母を訪ねることにした。

実は、今でも母は、そのお屋敷に住んでいる。もう80歳近くになるというのに、長く尽くしたことで、先代、当代のご主人から感謝され、「ほかに行かれては困る」と引き止められて、住み続けているのだ。何もかも、その家のしきたりを知っているということで、「仲居頭《なかいがしら》」と呼ばれているらしい。

坂道を上った。あの頃は、なんでもない坂道だったが、こんなにも急だったろうか。息がハアハアと上がる。母は、覚えているだろうか。「あの日」のわたしの暴言を……。いや、覚えているに違いない。わたしはどう切り出そうかと、夕べから考え続けている。まず、正座しよう。そしてきちんと、畳に手を突いて謝ろう。それが、育ててくれた母親への感謝と償いなのだ。親孝行は、それからだ。

「お母さん、あの時は、ほんとうにごめんなさい」

78

散歩に付き合う

オレは、朝が苦手だ。独身で一人住まいしていた頃には、目覚まし時計を3つもセットしていた。それでも会社に遅刻したことがある。結婚してからは、妻の裕子に頼りっぱなしだ。

「今日は朝イチで会議なんでしょ！」

そう言い、布団をめくって身体を揺り動かす。……というより、かなり乱暴にど突く。結婚して8年。そんな裕子のおかげで、なんとか電車に間に合うという生活をしてきた。

そんなオレが、こともあろうに、朝の散歩を始めた。なんと5時40分起床！　自分でも信じられない。これには深〜い？理由がある。

田舎のオヤジが、1年前に会社を定年退職した。オフクロは先年、亡くなっている。オヤジは、大好きな庭いじりをして気ままに過ごしていた。ところが、脳梗塞《のうこうそく》で倒れてしまう。幸い、ご近所さんが気付いて救急車で搬送。10日ばかりの入院だけで、家に戻ることができた。ほんの少しだけ、視力が低下したものの、身体的な後遺症はなかった。

だが、精神的なショックが大きいらしく、家から一歩も出なくなってしまった。

そこで、裕子が言い出したのだ。

「お父さんに、このマンションに来てもらいましょうよ」

なんとデキる嫁だろう。ますます頭が上がらない。


その裕子に、さらに勧められた。「二人で朝の散歩に行きなさい！　お父さんの健康のためよ」というのだ。朝は苦手……などと抗《あらが》うことなどできなかった。そして、もう半年もの間、オヤジと二人での散歩は続いている。

散歩の途中、小さな公園で6時半からラジオ体操に参加する。それが終わると、ベンチで一休み。だが、歳のいった父子というのは会話が少ない。不思議なもので、家を出てから帰宅するまでひと言もしゃべらないこともある。ところが、つい今朝のことだ。

「桜の蕾《つぼみ》が、ふくらんできたな」

「ああ、そうだね。花見にはまだ早いかな」

「裕子さんにお礼を言っておいてくれ」

「なんでだよ」

「膝が痛いって言ったら、サポーターを買ってきてくれた。どうやら調子がいい」

「自分で言えよ」

「……」

「それから……」

「なんだよ」

「毎朝、散歩に付き合ってくれてありがとうな」

予想だにしない父のひと言に、オレは胸が熱くなった。照れ隠しに答える。

「オレじゃない、あいつのおかげだよ」

79

今日昼間にあった「いい話」を報告する

悪口を言ったり、あらぬ噂話をするよりも、心がポカポカします。

80

お風呂場やトイレに手摺《てす》りを付ける

「まだ大丈夫」と言われても、転ばぬ先の杖と思って先回りの気遣いをする。

81

ペットボトルのフタを開けてあげる

これは、歳を取った人でないと理解できないことです。
だから、喜んでもらえます。

82

きちんと合った補聴器を作るため、「聞こえ」専門の耳鼻科に連れて行く

補聴器って本当に、自分に合ったものを調整するのが難しいのです。

83

童謡を一緒に口ずさむ

「赤とんぼ」「紅葉」「夏の思い出」……年齢に関係なく、一緒に歌うと心が1つになる。

84

孫の塾通いの送迎を担当してもらう

生きがいができ、孫との会話も増える。

85

思い出の服で孫の給食袋を作ってもらう

橘《たちばな》愛は、ただ今子育て中。長男は、この春、小学校に入学する。二人目の赤ちゃんがお腹の中にいる。ずいぶん大きくなって、先週から休暇に入った。

愛は洋裁が苦手だ。長男の幼稚園では、ランチョンマットを自宅から持参することになっている。どのママさんも、「ここぞ」とばかりに力を入れ、色とりどりの生地で手作りする。でも愛は、母親に頼んで作ってもらった。実家が近いと、こういう時、便利だ。

「わー、何これ！　真ちゃんママ、こんなオシャレなの作れるの？」

「ううん、案外カンタンよ」

なんて、ママ友たちには、つい嘘をついた。

「ネーネー、お母さん。今度は給食袋作って欲しいの」

「あなた、まだ作ってなかったの？　来週、入学式じゃないの？」

「う〜ん、やろうとは思ってたんだけど……」

「仕方ないねえ……。実はさ、こんなのが押入れから出てきてさ」

そう言い、差し出したのは、愛が幼い頃にお気に入りだったピンクのワンピースだった。当時、テレビの歌番組でアイドルが着ていたものを、「欲しいよぅ～、買って～」とせがんだら、作ってくれたのだ。

「よく取ってあったわねぇ」

不思議と色あせてもいない。よほど、きちんと保管してあったのだろう。

「これで給食袋作ってあげるよ」

「すごい素敵！　ごめんね、いつも」

「そうよ、いいかげんに少しくらい洋裁もできないと、貴志《たかし》さんに愛想つかされるわよ」

かなり不機嫌そうだ。

でも、私は旦那のシャツのボタン１つさえ、つけるのに四苦八苦だ。

さて、その翌日のこと。親戚から送ってきたリンゴを持って、父がやってきた。

「母さん、なんだか楽しそうに縫い物してたぞ」

「え?! 楽しそう？ 私には、嫌そうなこと言ってたわよ」

「あの頃の愛は可愛かったわねぇ〜なんて、ニヤニヤしながらな。娘のために作った服が、今度は孫のために役に立つなんて、お婆ちゃんとしてはこの上ない幸せなんじゃないのか」

「え？ ……そうなの？」

「そういうもんだ」

「へ〜、じゃあお父さんにも頼もうかな」

「何を？」

「うちの旦那、不器用なのよ。納戸に収納棚作ってくれないかなぁ」

父は「仕方ないなぁ」と苦笑いした。

86

週に一度、
免許証を返納した父親に代わって
運転し、買い物に付き合う

オヤジは頑固だ。曲がったことが大嫌い。間違っていることは「ノー！」とはっきり言う。人には「融通が利かない」と言われる。でも、息子としては、それが誇らしくもある。そんなオヤジなので、人にも家族にも頼ろうとしない。少しずつ身体のあちこちに、衰えが出てきたのを目の当たりにしているので、心配ではある。再三、言う。「親孝行させてくれよ」と。でも、「まだまだ大丈夫だ。その時が来たら世話になるからほっておいてくれ」と言い返される。

さて、ある日のことだ。オレが会社に出掛けようとすると、オヤジに声を掛けられた。

「博、今晩早く帰って来られるか？」

「ああ、大丈夫だよ。何かある？」

「帰ったら話す。駿《しゅん》君と葵《あおい》ちゃんにも言っておいてくれ。陽子さんにはワシからもう話してある」

駿と葵は私の子供。陽子は女房だ。なんだかモヤモヤした心を抱きつつ、その日

は仕事を切り上げて早くに帰宅した。オヤジは家族みんなの顔を見回して、

「今日な、運転免許証を返納してきた」

「え？」

息子の駿が最初に反応した。

「なんでだよ、爺ちゃん。大丈夫だって。元気だもん。オレ知ってるよ」

オヤジは、にこりともせず喋《しゃべ》り始めた。

「よくニュースになるだろう。年寄りがブレーキとアクセル踏み間違えて事故を起こしたっていう。確かにワシは運転には自信がある。一度も事故も違反もしたことがないしな」

「だろ？」

「でもな、ついこの前、車庫入れで後ろをこすったんだ」

「知ってるさ、爺ちゃん。ほんのちょこっとじゃないか」

「いや、でもな。そんなことは、免許取ってから一度もなかったんだ。それで決め

た。免許証を返納しようってな。そこで、博と陽子さんに頼みがあるんだ。時々でいいから、ショッピングモールまで連れていって欲しいんだ」

オヤジのこんな低姿勢な言葉を聞くのは初めてだった。オレが戸惑っている間に、陽子が先に答えた。

「いつでも言って下さいね、お義父《とう》さん」

駿が言う。

「来年、免許取ったら俺も乗せてくよ」

俺は、ようやく親孝行できる喜びと切なさで、なかなか返事ができずにいた。

……そしてひと言、

「任せとけ」

とだけ口にした。

87

「若いね」「まだまだいけるよ」と口癖のように言う

「もう歳なんだから」と言われて嬉しい人はいません。
節度は必要だけど、心を前向きにしてあげたいものです。

88

人前で「うちの母は若いでしょ」と褒める

きっと、お母さんはポッと顔を赤らめて
「いえいえ、もう歳ですよ」と照れることでしょう。

89

サプリメントをプレゼントして飲んでもらう

身体に良いとわかっていても、「もったいない」と思ってしまうものです。
飲み始めるきっかけ作りに。

90

今度生まれる孫の名前を考えてもらう

頼まれたらメチャメチャ嬉しいはずです。
一緒に考えるのもいいですよね。

91

孫の宿題の面倒を見る係になってもらう

「面倒なこと押し付けるな」とブツブツぼやきながらも、
まんざらでもない様子？

92

父が運転する時、助手席に乗って後方確認など安全のフォローをする

なかなか免許証を返納する決断はできないものです。
家族の協力で今日も安全運転。

93

手紙を書く

萌は大学の友達ツバサに誘われて、「手紙・ハガキの書き方」セミナーに参加した。最初は断った。

「メールがあるのに、なんで手紙なんか書くのよ」

「就職したら、お礼状とかお悔《くや》みとか書かなきゃいけないらしいわよ。それに、手紙とか書けたら就職にも有利かも……」

と、未来に言われて心が動いたのだ。会場に行くと、20代、30代の若い参加者が多かった。中には、萌より若い高校生もいた。

「拝啓・敬具」とか、書き出しの時候の挨拶《あいさつ》などを教えてくれるものと思っていた。ところが、講師の先生はまったく予想外の話を始めた。

「いいですか。形式なんてどうでもいいんです。とにかく書く。気軽に書くんです」

そう言い、先生自ら書いたお手本を見せてくれた。ただの官製ハガキ。それに筆ペンで、ひと言。デーンと大きな文字が書かれてある。

「お父さん　ありがとう」

参加者全員が、「え⁉」と首を傾《かし》げる。

「これをね、私は父の誕生日に故郷に送ったんです。そしたら、父から電話がかかってきました。お前のプレゼントが一番嬉しかったって。私は5人も兄弟がいるんですが、全員が親孝行で何かしら毎年、父と母の誕生日にプレゼントを贈るんです。その中で、たった一枚のハガキが一番心に響いたって、父が言ってくれたんですよ」

萌は、なんだか感動してしまった。そうか、手紙とかハガキを書くというと、シャチホコばって身構えてしまうけれど、そんなんでもいいんだ。そう思うと、自分も書きたくなった。

実は萌は、このところ就職のことで母親とケンカをしている。一緒に暮らしているのに、もう3日も口を聞いていない。

「それではみなさん、机の上の筆ペンで何か言葉を書いてみてください。字は下手でかまいません。読めればいいです。ご両親、お爺さん、お婆さん、友達、学校の先生……、誰かを想定して書いてください。そして、今、相手の住所がわかる人は、宛先も記入して、帰りにポストに投函してください」

萌は迷わず書いた。

「おかあさん、ごめんなさい」

と。そして、帰り道にポストへ入れた。明日には届くだろう。母は、不思議がるかもしれない。一緒に暮らしている娘から郵便が届くのだから。

ハガキを手にした母の顔を見て、改めて謝ろうと思った。

「ごめんね」

94

両親と一緒に墓参りする

明日から3連休だ。思うだけで、心がウキウキする。何も予定を入れていない。カミさんは、カルチャーセンターの友達と、公民館で開かれる「春のナントカ祭り」で、バザーに参加すると言って張り切っている。ということで、早々に、

「あなた、ご飯は自分でなんとかしてね」

と、言われていた。高2の翔と中2のさくらも、塾やら友達との約束で、予定がびっしりだという。「暇」なのは、オレだけだ。買い物に付き合ったり、子供の習い事の送迎など、「あれをしろ」「これをして」と一切言われる心配がない。この解放感は、他人には理解できないに違いない。

机を片づけていたら、部長から「1杯行くか?」と声を掛けられ、「もちろん!」と笑顔で答えた。2杯ほどジョッキの大を飲み干したところで、部長に聞かれた。

「3連休、どうすんだよ」

「とくに何も……、ビデオでも借りてこようかなと」

家族全員が留守になるので、ウキウキしているという話をする。

「部長はどうされるんですか？」

「決まってるだろ」

「え？」

「墓参りだよ」

「墓参り？」

「ああ、彼岸だからな。娘と福島の実家に帰る。高速でビューンとすぐだ」

確か部長の娘さんは、大学2年生か3年のはずだ。

「お嬢さんが、付き合ってくれるんですか？」

「ああ、いまだにお爺《じい》ちゃんから小遣いもらうのが目的らしいがな」

「奥さんは？」

「カミさんはカミさんで、博多の自分の実家へ墓参りだよ。もう昨日から出掛けてるよ」

「えらく律儀というか、信仰心が篤《あつ》いんですね」

「別にそういうわけじゃないさ。ただな……」

「ただ、何ですか？」

「一緒に墓参りに行くと、オヤジもオフクロもものすごく喜んでな。その顔を見るのが嬉しくて」

そう言い、部長は3杯目をグイッと飲み干した。そういえば、墓参りなんて、祖母の納骨以来していないことに気付く。オレは、4杯目を注文するのをやめた。

（明日は、早起きして実家に顔を出そうかな。線香とかは向こうにあるよな。ちょっと待てよ。花屋って朝、何時から開いてるんだっけなぁ。）

4月

うちの庭にあった桜の木。受験に落ちたあの春にも咲いてたなぁ。あの木の下で、お父さんに言われた言葉忘れないよ。「挫折は多い方が、人に優しくなれる」って。

95

一人暮らしの母に「エコー（アレクサ）」を買う

最初は「こんなもの」と言われるかもしれませんが、ひょっとするとはまるかも。

96

四つ葉のクローバーを一緒に探す

お金のかからない楽しみ。

97

「やってみたい習い事」を一緒に書き出して、トライしてもらう

「なんとなく」「ぼんやり」思っていることを、書き出すと動き出す。

98

タケノコご飯を一緒に食べる

歯ごたえが肝心の食べ物だけど、やわらかくやわらかく煮てあげましょう。

99

地域の小学校の「見守り隊」のボランティアを勧める

きっかけは、孫のため。
でも、その孫が卒業した後も
続ける人が多いそうです。

100

実家のあちらこちらどこでも使えるようにルーペを置いておく

100円ショップで買って、トイレや
玄関、縁側にも置いておくんです。

101

近所の喫茶店に父用のコーヒーチケットを預ける

チケットがあると思うと、
気楽に行けるものです。
そこで友達ができることも。

102

花見に近くの公園へ一緒に行く

遠くじゃなくてもいいんです。
花見というだけで、ウキウキして
長生きできそう。

103

幼い頃に作ったような肩たたき券を作ってあげる

懐かしいでしょ！　両親が
使ってくれた記憶ありますか？

104

敷居が高いと感じるスタバで注文方法を教えてあげる

スタバの店員さんからのメッセージ。
「そういうシニアの方が多いですが
ぜひ気軽にお越しください」。

105

実家のご近所さんにお土産を持っていく

娘が口うるさくてかなわない。最近、二人してひんぱんにやってくる。今日も、大した用事もないのに、上の娘が……。

「もう、お父さんたら〜。頑固なんだから」

「困った時は、こっちから連絡するからいい！　お前らにはお前らの生活があるんだ。そうしょっちゅう来なくてもいい」

「でも、この前、転んでケガしたじゃないのよ！」

俺は先月74歳になった。女房を3年前に病気で亡くして以来、一人暮らしだ。単身赴任が長かったから、家事はなんでもこなせる。別に、生活が不自由だと思ったことは一度もない。歳のわりに元気でもある。ウォーキングどころかマラソンが趣味。60歳を過ぎてから始め、7回もフルマラソンを完走している。この前も、小4でサッカーをしている孫の悠馬《ゆうま》に、完走証明でもらったTシャツを見せて自慢した。

ところが1か月ほど前の早朝、ランニングをしていて用水路に転げ落ちてしまった。幸い、骨折はしなかったが、捻挫《ねんざ》で右足がパンパンに腫《は》れた。今も、歩く時右足を引きずっている。

「いい歳なんだし、頼むから家でおとなしくしててよ」

「そんな年寄り扱いするな」

「年寄りだから言ってるんじゃないのよ。ケガしているんでしょ」

「もう治った」

俺はこれ以上話しても無駄だと思い、新聞を持ってトイレへ逃げ込んだ。


30分ほどして、そろりそろりと様子を伺いつつトイレを出ると、もう娘の姿はなかった。呆《あき》れて帰ったらしい。悪いとは思いつつも、ホッとした。

早くまた大会に出場したい。そのためにはリハビリだ。俺は、傘立てから二本の杖を手に取り、散歩に出掛けることにした。トレッキング・ポールといい、スキーのストックのような作りで、登山やハイキングに用いられているものらしい。

「よし、今日もやるぞ」

と表に出た。すると、「角田さん、こんにちは！　頑張っておられますね」と声を掛けられた。隣の家の娘さんだ。大学3年で秀才。弁護士志望と聞いている。それよりも、それよりも……用水路に落ちてしまった私を発見し、助け上げてくれた恩人である。

「あ！　美咲《みさき》さん、こんにちは！」

「お役に立ってるみたいですね」

「ええ、これはいいです。ありがとうございました」

実は、この杖は美咲さんからのプレゼントなのだ。

「だいぶん歩けるようになりました」

「よかった〜。大学の仲間とハイキングに行く時に買ったんですけど、一度使ったきりで押入れにしまってあったから、使っていただけると嬉しいです」

なんて素晴らしい笑顔なんだろう。それに素直で思いやりがある。それに比べて、うちの娘たちときたら……。ついつい愚痴を漏らしてしまった。

「美咲さんの爪の垢《あか》でも煎《せん》じて飲ませてやりたいですよ、娘たちに」

「角田さん、そんなこと言うものじゃないですよ」

「いえいえ、ホント。さっきも私のことを年寄り扱いして」

「……」

む……？　急に美咲さんの顔が曇った。何か変だ。気分を害することでも言ったのだろうか。


「あの～」

「え？　……なんですか、美咲さん」

「これ、内緒にしていたことなんですけど……」

「なんでしょう？」

「実は、実は……角田さんのお嬢さんに、旅行のお土産《みやげ》とかいただいて頼まれているんです」

「え？　……お土産？　……頼まれてるって？」

「はい。北海道にご家族で行かれたとかで、高価な夕張メロンを。それから今日も、鎌倉のお土産の鳩サブレーを」

「どういうことですか？」

「『うちの父の様子を見てやって欲しいの』って。『私たち娘の言うことは聞いてくれないから』っておっしゃって」

なんだって？　あいつらがそんなことを。

「ひょっとして……この杖」

俺は、両手にしっかりと握りしめた杖をしげしげと見つめた。

「は、はい……。ごめんなさい。わたし、これ以上、嘘はつけません」

俺は言葉を失い、ただ茫然《ぼうぜん》と立ち尽くした。

なぜだかわからない。腹が立っているというのに、涙が頬を伝ってこぼれた。

106

家のメンテナンスをする

3か月ぶりくらいに直樹が実家を訪ねると、玄関が開いていた。「妙だな、オフクロが閉め忘れたのか？」と思ったら、家の中から見知らぬ男がヌーと出てきた。25、26歳くらいか。無精ひげをはやしている。両手で、液晶テレビを抱えている。間違いない、泥棒だ。

直樹は叫んだ。

「泥棒〜！」

相手は、目をパチクリしている。直樹は、ひるむ相手に飛びかかった。見つかってしまったことに怯《おび》えているのか、無抵抗だ。もっとも、柔道3段の腕前にかなう奴は、そうそういない。

「何してるの！　直樹!?」

見上げると、母親が上り框《かまち》の上で叫んでいる。

「やめてー！　やめてー!!」

その15分後、直樹と母親、そして不審な男の3人は、茶の間で向かい合ってコーヒーを飲んでいた。泥棒ではなかった。その青年は、故障して見えなくなったテレビを修理に出すため、母に頼まれて家電量販店へ運ぼうとしていたところだったという。

「直樹が早とちりするから悪いのよ」

「すみません……。えっと、お名前は」

「近藤です」

「近藤さん、すみませんでした。この通りです」

と、直樹はちゃぶ台に両手を突いて頭を下げた。母は言った。

「近藤君はね、半年くらい前に、角のアパートに引っ越してらっしゃったの。町内の清掃活動で声を掛け合うようになってね。とっても優しいのよ。『トイレの電球が切れて困ってるの』って話したら、その足で買いに行って、付け替えてくれたのよ」

「えーっ。それはそれは、ありがとうございます！」

「いえ、別に。好きでやってるんで」

「近藤君はね、ほんとうに優しいのよ」

「ご家族のいない間に、出入りしてすみません。父親が早くに亡くなって、母親が苦労してオレのこと育ててくれたんです。でも、その母親も去年病気で……。これから親孝行しようって思ってたのに。それで、失礼ながら、自分の親だと思って、いろいろお手伝いさせていただいていたんです」

直樹は顔が赤くなった。恥ずかしくて言葉もない。これからは、親孝行しに、ちょくちょく実家に顔を出そうと心に誓った。

「何か困ってることないか？」と言って。

107

野菜の健康スープを作って実家の冷蔵庫に入れておく

両親の食が細くなってきて心配。なんとか栄養をつけさせてあげたい。工夫してみよう。

108

車いすのまま乗り込める福祉車両に買い替える

乗る人、運転する人の両方に優しい車。

109

「お～い」と呼ばれたら、すぐに飛んで行く

「すぐ」というところが「ミソ」なんです。「後で」とか「ちょっと待って」とか言いがちだから。

110

服用している薬が毎食間違っていないか、管理してあげる

まだボケているわけではないけれど、毎日のことって、ついつい忘れることもあるから。

111

ヘルパーさんや訪問看護師さんと相性が合っているか、本音が言えるか尋ねる

介護してもらっていると、負い目から「遠慮」してしまいがちになるのです。だから……。

112

有給休暇を目いっぱい取得して少しでも介護の時間を増やす

仕事は大事。働かないと生きていけない。でも、勇気を持って休んで寄り添ってあげる。

113

写真館で家族写真を撮る

オレ、隆一の妻は、沖縄出身だ。

なんと「逆ナンパ」されたのが出逢いのきっかけだった。

大学生の時、沖縄へ友達3人と旅行に出掛けた時のことだ。ビーチで、女の子3人組に声を掛けられた。「ホンドの人だよね」。ホンドと言われて、それが「本土」と気付くまでに3秒ほどかかった。女の子たちは地元の高校生で、少々「遊んでいる」ように見えた。遊びに来ている学生から、お茶やご飯をおごってもらうのを目的にしていた。残念ながら、ワクワクの期待は外れ何事もなく終わったが、「写真送ってよ」と言われ、住所を交換した。

その後、なんとその時の一人（一番可愛いと思っていた子）が、東京の大学に入学することになった。久しぶりの再会。何度か会ううちに、「おや、意外とちゃんとしてるんだな」と見直すことになり、付き合うようになった。そして、彼女の卒業を待って結婚した。

さて、写真館で家族写真を撮るのが、毎年の我が家の決まりごとになっている。

幼い頃の写真には、両親と祖父母、そしてオレが「きちん」と正装して写っている。その後、弟の政二、妹の明美が加わり……悲しいけれど祖父、祖母の順に写真から姿が消えた。その代わり、オレの妻。やがて、子供がそこに加わった。同じように、政二の奥さん、明美の旦那さんも写真に入るようになり、それぞれの子供もという具合に、徐々に人数が増えていった。

それを一番に喜んでいるのが、両親だった。写真館へ行った後、みんなで近所の料理屋で宴会をする。そこへアルバムも持ち込み、みんなでガヤガヤと話す。「あの時はどうの」「この時はああだった」など。歳を重ねるうちに、「これが幸せかぁ」「これが親孝行なのかもなぁ」と思うようになってきた。

ところが、ある年、ピンチを迎える。政二が北海道に転勤になってしまったのだ。単身赴任。なかなか帰省できない立場らしい。その上、もう１つ。明美の娘がテニス部で大活躍をして県の大会に出場するのだという。こうなると、家族全員のスケジュールを調整するのは至難の技だ。オレも会社で大きなプロジェクトに関わり、帰りが深夜になることが多くなって、ヘトヘトだった。「今年はもうあきらめよう」とオレが言った。すると、妻が怒りだした。

「何言ってるサー！」

感情をあらわにする時だけ、方言が出る。「私がなんとかする」と言い、何度も何度も政二と明美の家族に連絡を取った。そして、とうとう全員が奇跡的に都合の良い日を、作り出してしまったのだ（というより、半強制的に）。

そうなって、今さらながら思い出した。妻は、沖縄出身だ。家族思いは遺伝子レベルの筋金入り。今でも、旧暦の正月には、必ず実家に帰る。もちろん、オレも同行。なんと、親戚が50人も集まるのだからびっくりしてしまう。

そうなのだ。家族が1つになること、そして、ご先祖様、祖父母、両親を敬うことが、妻にとっては当たり前になっているのだ。

ということで、以来、家族写真の段取りは妻の担当になっている。

114

大勢の友達を連れてくる

夫婦で友人の家のバーベキューに招かれた。その帰り道、駅のホームでのことだ。

「うちのオフクロ、昔から料理が好きだろ？」

「そうねぇ、お祭りで初めて実家に泊めさせてもらった時、びっくりしちゃった。遠い親戚とかご近所さんも大勢やってきて、大宴会になったでしょ。混ぜ寿司とか、煮しめとか、山菜の天ぷらとか……、お義母《かあ》さんがぜ～んぶ一人で作っちゃうんだもの」

「まあ、我が家ではあれが普通だったんだ。みんなオフクロの料理、楽しみにしてな」

「わたし、手伝おうと思ってせっかくエプロン持って行ったのに、『いいから座ってなさい』って。でも、義母さんのこと、その後、だんだんわかってきたの。もてなして、みんなの嬉しそうな顔を見るのが好きなのよ」

「そうだよな。でも、高齢化でお祭りのにぎわいもなくなって、人が集まることも少なくなったよな。この前、オヤジの法事の時にも、オフクロ淋しそうだったなぁ。身体はまだあんなに元気なのに……」

突然、妻がベンチから立ち上がって言った。

「ねえ！　わたし、いいこと思い付いちゃった！」

「な、なんだよ……」

夢中で語る妻の提案を、オレはニヤニヤしながら聞いていた。

そして、今日。妻の計画したイベントが我が家で開催される。会社の気の置けない同僚たちに声を掛け、花見パーティをするのだ。猫の額ほどの庭だが、１本、立派な八重桜があり、この週末にちょうど見頃を迎えたのだ。オレの人望？なのか、なんと15名もやってきた。

庭にシートを敷き、車座になる。そこへ、オフクロが次々と出来上がった料理を運んでくる。妻がオフクロに「大勢、お客さまがいらっしゃるの。お義母さんお願い、料理手伝って」と頼み込んだのだ。最初は面倒臭そうにしていたのだが、我が家のキッチンに入るなり腕まくりをして、猛烈に張り切り始めた。

「コレうまいっす！」

「ほんと、美味しい～」

若い連中がオフクロの料理を褒めちぎる。オフクロが、「遠慮せず、どんどん食べてよ～」と言うと「遠慮してませ～ん」と誰かが言い、爆笑。

宴たけなわ、入社3年目の山谷クンが「さあさあ。お母さんも一緒に飲みましょうよ」と言い、オフクロの手を引いて車座の真ん中に座らせた。みんながチラチラ目くばせ。そして……。

「ハッピー・バースディ・ツー・ユー～　ハッピー・バースディ・ツー・ユー～♪」

大合唱。突然のことに、オフクロは目をパチクリ。

「ハッピー・バースディ、ディアおかあさん～♪　ハッピー・バースディ・ツー・ユー～」

あっという間に、オフクロの顔はくちゃくちゃになり、その目に大粒の涙がたまった。

115

介護のため、出世をあきらめて転勤を断る

人生は二者択一で答えられないものもあります。
仕事とプライベート。出世と親孝行。

116

病気の痛みをわかってあげられるように努める

その人でなければ、理解できない痛みや苦しみがある。
でも、わかるように努力してみる。

117

弔いの方法の希望を元気なうちに聞いておく

「別れ」は突然、やってきます。
そんな縁起でもないことは考えたくないけれど……。

118

一緒にホスピスを見学に行く

最期を看取るのは「わたし」です。
でも、最期を迎えるのは当人なのですから。

119

「もし、自分が父の立場だったら」と、親身になって介護する

「もし身代わりになれるものなら、子供の命を救ってやりたい」。
それと同じ気持ちです。

120

仕事が忙しいけれど、丁寧に丁寧に両親と接する……「今」は一度きり

残業で帰りが遅くなる。もっと世話をしてあげたいけれど疲れている。
そんな葛藤の日々の中で。

121

旅先から地方の名物を送る

智子は独身、42歳。一度、結婚したが上手くいかなくて、別れた。

最初の頃は、両親は腫れ物《はれもの》に触るように気を遣ってくれた。まるで、初めて上京して下宿をする学生のように「食べてる？」「夜は、ぐっすり眠れるのかい？」「どこか体調が悪かったら、すぐにお医者さんに行くんだよ」と、父と母が代わる代わる電話をしてきた。正直、泣けた。

もっとも、あれから10年以上が経って「離婚」という一大事も風化してしまったのか、「いい人いないのか？」と口うるさい。父は、学習塾を経営しており、地域に顔が広くて信望が厚い。そのため、「こっちでお見合い相手探そうか」と言ってくる。

その気持ちが嬉しくて、心から感謝している。

でも、今、智子は仕事が楽しくて仕方がない。その仕事も、離婚したおかげで打ち込めると思うと、まんざら悪い人生ではないと思っている。

智子は、マーケティングのコンサルティング会社に勤めている。コンサルと言うとカッコよく聞こえるが、智子の仕事は主に研修や講演だ。そのため、月のほとんどを、スーツケースを持って全国を飛び回っている。夜は主催者から招かれて、ご馳走になることが多い。さらに手土産も。そのため、グルメになってしまった。

「あっ！　これ美味しい‼」

と思うと、駅や空港や地方から、実家に宅配便で送る。主にお菓子だが、牛肉のしぐれ煮やマンゴー、イクラなどもある。届くと、必ず、母から電話がかかってくる。

「いつもありがとう。お父さん喜んでるわよ」

そう言ってくれると嬉しい。嬉しいから、また送る。その回数は、年に10回を超えるだろう。

ところが、である。

帰省して参列した従妹の結婚式の披露宴でのことだ。父の兄の敬一おじさんが、うちのテーブルに来てこう言った。

「おい、政司。糖尿の具合どうだ？」

「うるさいよ、そんなもん大丈夫だ」

「だって、良子さんが相当数値が高いって心配してたから」

智子は話に割って入った。

「何、お父さん糖尿なの？」

「う、うん……ちょっとな。でも、薬とか運動とか始めて良くなって来てるんだ」

わざと内緒にしていたらしく、ドキマギしている。

「じゃあ、何よ。甘いお菓子なんかたくさん送って、わたしバカみたい。なんで、言ってくれなかったのよ。これじゃあ、親不幸じゃないの！」

「す、すまん」

いつもは大きな声の父が、小さくなった。すると、母が父をかばうように言った。

「智子、迷惑じゃないのよ。お菓子、ものすごく役立っているの」

「え？　……どういうこと？」

「塾の生徒さんたちのおやつに配っているんだけど、子供たちが大喜びするんだって。特に低学年の子たちは、なかなか勉強が続かないからねぇ。お菓子につられて通う子も多いのよ」

父がボソリと言った。

「でも、いつも1つだけは食べさせてもらってるよ。少しならお医者さんもいいって言ってくれるし。お前の気持ちだからな」

122

親の同じ話を何度でも「へ～」と頷《うなず》いて聴く

「お前は、ほんと親不孝もんだよ！　もう知らん‼」

母は怒鳴ってプイッと顔をそむけたかと思うと、小さなポーチを肩に掛けて外へ飛び出していってしまった。

わたしも「ちょっとマズッたかな」と思いはしたものの、追い掛けはしなかった。「どうせ、また喫茶店にでも行ったんだろう」と思って。ところが、お昼時になっても戻ってこない。母の好物の親子丼を作る用意をして待っているのに。

我が家は夫と高校生の娘、そして私の（夫のではない）母の四人家族だ。父は、私が幼稚園の時に亡くなった。まるでドラマのような貧困生活の中で、母は保険のセールスをして私を育ててくれた。

その母は健康だけが取り柄だったが、会社を定年退職すると、めっきり老け込んだ。心配した夫が、「ぜひ」と言ってくれて、3か月前から同居することになったのだ。夫は、いまどき珍しい4人兄弟（全員男）の末っ子なので、実の両親には何の気兼ねもなかった。

私は、仲のいい母娘のつもりだったが、いざ久し振りに一緒に暮らすようになって、ウンザリすることが山ほど出てきた。食事の好き嫌い、洗濯物の畳み方、起床・就寝の時間など、生活パターンが違い過ぎる。でも、優しい夫の手前、できるかぎり母のやり方、好みに合わせるようにしてきた。

でも、どうしても我慢できないことが1つだけある。同じ話を何度もするのだ。
「あのね、高校の時の友達がね、お姑《しゅうとめ》さんと仲が悪くてね。陰で『ババー』って呼んでたのよ。そしたら、それを聞いていた幼稚園の孫がお婆ちゃんを『ババー』って呼ぶようになって焦っちゃったって」

最初に聞いた時には、その光景を思い起こして大笑いした。でも、もうこれで何回目だろう。5回？　いや8回？　……ひょっとして認知症？　と思ったが、ほかのことはちゃんとしている。とうとう、さっき我慢できなくて大声で言ってしまったのだ。

「お母さん、いったいその話、何度目だと思ってるの！　ボケちゃった？　お医者さん行こうか？」

するると、

「いいじゃない、何回同じ話したって！　面白いんだもの。あんた冷たいわ!!」

そう言い、飛び出してしまったのだ。そして、午後3時、母が帰ってきた。……なんで？　……夫と一緒だ。そういえば、夫も朝、「散歩してくる」と言ったまま帰ってきていなかった。


「お義母さんと駅前の喫茶店で一緒になってさ。それがおかしいんだ、お義母さんの話。友達のお姑さんを孫が『ババー』って呼んでるんだって」

そう言い、笑った。


「え!?」

夫は、母に見えないように、私に向かってウインクした。

5月

我が家は団地だったから、大きな鯉のぼりが揚げられなかったよね。お父さんがいつも言ってた。
「いいか、お金がないわけじゃないんだ。小さいけど一番上等なやつだぞ」

123 妻に頼んで、妻から母にカーネーションをプレゼントしてもらう

できたら、それぞれの母親に、一緒に持って行くのが一番。

124 スーパー銭湯へ一緒に出掛けてビールを飲む

風呂上がりのビールは、何物にも代えがたい幸せがあります。

125 雨晴兼用の日傘をプレゼントする

そろそろ紫外線が気になる季節です。歳を取るほどお肌の天敵ですからね。

126 上京した弟の様子を両親の代わりに見に行き報告する

親が下宿を訪ねるというと、居留守を使われるかもしれませんから……　スパイです。

127

ペットボトルのフタが開けにくくなってきた父母に、専用のフタ開けを買ってあげる

そういう「アイデア商品」がたくさん発売されています。ホント！　楽ちんですよ。

128

カツオ、サクランボ、初物を食べてもらう

「わあ～　今年初めて食べる！」という笑い声が心も元気にする。

129

喫茶店で母と「恋バナ」をする

いくつになっても、女子が一番好きなのはドキドキわくわくする気持ちです。

130

両親と藤の花を見に行く

藤って、いい香りがするのをご存じでしたか？

131

孫の鯉のぼりのお披露目に家へ招待する

孫の成長が何よりも待ち遠しいんです。五月晴れに元気に泳ぐ姿を見せましょう。

132

梅雨じたくを一緒にする

お風呂やトイレ、押入れにもカビが生えやすくなりますから、一緒にお掃除。

133

親よりも長生きする

田村大輔は、やるせない思いでいっぱいだった。

この2年間というもの、気持ちの持っていきどころがなく、苦しみ続けてきた。

大輔には、2つ上の兄がいる。いや、……正確に言うと「いた」。

兄の健太郎は、何をしてもできる人間だった。小、中学校と、児童会・生徒会の会長も務めた。スポーツ万能。習い事もたくさんしていて、書道も上手ければ、ピアノも弾ける。バレンタインデーには、持ち帰れないほどのチョコレートをもらった。

それに引き替え……大輔はすべてにおいて、兄より劣っていた。劣るだけならまだいい。比較されるのが辛《つら》かった。中学校に上がるなり、担任の先生に言われた。

「キミが健太郎くんの弟か、そうかそうか」

だが、その期待を間もなく裏切ると、先生の眼は失望に変わった。

今日は、その健太郎の三回忌だ。

法要が始まる前に、大輔は、叔父に呼び止められ、寺の縁側に並んで座った。

「お父さんとお母さん、最近どうだ？」

「ああ、オヤジは大丈夫だけど、オフクロはあの日以来、ボーッとしていることが多くて」

「あの日」とは、兄貴が飲酒運転の車の犠牲になった日のことだ。


「健ちゃんは、親孝行だったからなぁ」

「うん、そうだね」

「設計も全部自分でやって、リフォームした時は、びっくりしたよ。ずいぶん費用もかかったって聞いてる」

健太郎は一級建築士だった。年老いて、足腰に自信がなくなった両親のため、バリアフリーの設計をして実家の改修工事を行ったのだ。

「力になれなくて申し訳ない」

「ううん、不甲斐ないのは俺だ。もう40になろうとしてるのに、離婚するわ、会社じゃあリストラされるわで、飲んだくれの毎日……。親孝行の1つもしなくちゃって思うんだけど、何もできない……。親孝行どころか、親不孝者だよな」

急に叔父が、真顔になって言う。

「親孝行なんて簡単だ」

「え？」

「いいか！　お前は長生きしろ！　兄貴の分まで長生きしろ。親より早く死ぬな‼

絶対だぞ。それが一番の親孝行なんだぞ」

大輔は、唇をへの字にして「うん」と答えた。そして、心の中で誓った。

（酒はほどほどにしよう。）

振り返ると、遺影の健太郎が笑っていた。

134

旅先からポストカードを送る

娘の未来《みらい》は、二十歳。東京の大学に通っている。国際コミュニケーションとかいう学科を専攻しており、なんでも、得意の英語を使って、外国の人たちに日本の魅力を伝えるのが夢だと言って入学した。そこまでは、「感心、感心」と見ていたところがだ。1年間、大学を休学して、NGOの活動でアフリカに行くと言い出した。「行きたい」とか「行かせて欲しい」という相談ではない。「行く！」と言うのだ。

そんなことを父親として許すわけにはいかない。現地の治安のこと、食事や感染症のこと。心配ごとが山ほどある。幼い頃、身体が弱く、入退院を繰り返していた時期もあるからなおさらだ。

同居していれば、引き止められたかもしれない。だが「決定事項」として電話で告げられ、

「い～い、お父さん。今はね、日本も海外も関係ないの」

と言い、その次の日に出発してしまった。おそらく、反対されると思っての作戦

だろう。

私も、妻も、おろおろするばかり。早速、インターネットに詳しい甥《おい》っ子に頼んで、パソコンで顔を見ながら話せるように設定してもらった。

出発した3日目に連絡があった。画面の向こうで、未来が手を振っている。

「お父さ～ん、着いたよ」

「お、おお。元気か？」

「げ～んき、元気ぃ。お母さんは？」

「ここよ～」

と妻が横から画面に入ってきて手を振る。う～ん、確かに。これは便利だ。びっくりしてしまった。これなら安心、と少しホッとした。ところが、その後、うんともすんとも言ってこない。こちらからアクセスしても、繋《つな》がらない。一度だけ、真夜中にメールで「元気ですか」という着信があっただけ。生きていることだけは確かめられるが。

そんなある日。妻が、玄関からバタバタと走って来た。

「なんだ、転ぶと危ないぞ」

「あの子からですよ」

「え⁉」

奪うようにして手に取る。現地から送ってきたポストカードだった。パソコンとプリンターで作ったのだろう。現地の人たちと一緒に写っている写真だ。「元気です」とひと言。それだけ。パーティの最中らしく、みんな笑顔だ。妻が言う。

「インターネットもいいけど、わたしはこっちの方が嬉しいわ」

「うん、そうだな」

写真は動きはしないが、なんだか温かなものが伝わってきた。

私は、ふと田舎のオフクロの顔を思い浮かべた。そうだ、この前、妻と京都へ出掛けた時に買った絵葉書を送ろうと思った。「元気です。元気ですか」としたためて。

135

息抜き、手抜きしながら介護する。自分が倒れたら親不孝になる

「後悔しないように」とは思うけれど、ギリギリを超えたら介護できなくなってしまうから。

136

昨年、何回両親に会ったか数え、今年は回数を増やす

お盆と正月にしか帰省しないと、10年に20回しか親に会わないということになります。

137

生前整理の相談に乗る。「遺言ノート」を書いてもらう

自分がこの世からいなくなった後で、兄弟ゲンカの「種」を作らないように。

138

まるで恋人同士のように腕を組んで散歩する

それがパパの夢らしいですよ。えっ!?、小学生の頃から、ずっとやってるって？　失礼しました。

139

誤嚥《ごえん》予防に、カラオケに行って一緒に歌う

誤嚥は、肺炎の原因にもなり要注意！　カラオケは楽しめて喉も鍛えられて一石二鳥です。

140

「今」を一所懸命、悔いないように生きる。それが親孝行

親からもらったこの身体。一瞬、一秒でも有意義に生きようとすることが感謝の現れ。

141

育児を教えてもらう

夫の転勤も、結婚してこれで5回目になる。聞いて覚悟はしていたが、これほど転勤が多いとは……。知らない場所へ付いていくのは嫌ではない。私にとっては旅行気分だ。その土地をブラブラと観光し、美味しいお店を見つける。人生は前向きが一番なのだ。

しかし、長男の出産の時には参った。出産直前に夫の転勤の辞令が出たのだ。子供は実家の山口県で生んだが、3か月後に赤ん坊を抱えて夫の赴任地へ行くことになった。誰も知り合いがいない。掛かりつけの病院もない。ママ友がいない。

そんな中での子育ては大変だった。泣きつくように母に電話をした。

「ねえ、ヤックンが泣き止まないの」

「おむつ替えた？」

「替えたに決まってるじゃないの」

「おっぱい飲ませた？」

「うん」

「暑いんじゃない？」

「暑い？　まだ5月よ」

「あんた、風邪ひかないように厚着させてない？」

その通りだった。思い切って、一度、全部脱がせたらピタリと泣き止んだ。さすが母だと、びっくりした。そして、この5年、各地から母に電話をしまくった。

「ちっとも寝てくれないの」

「乳離れができないの」

「野菜が食べられないの」

「オマルでうんちができなくて」

すべてに即答してくれた。2、3度飛行機で飛んで来てくれたこともある。

夕べ電話で、こんなことを話した。

「ごめんね、お母さん。ずいぶん迷惑掛けて来たわね、親不孝だってわかってる」

「何言ってるの、あんたわかってない、わかってない」

「え？」

「頼ってくれるのが、嬉しいのよ、私は。こんな親孝行ないわ。あなたは親孝行よ」

そう言われてホッとした。母に甘えなければ、今日まで生きてこられなかったかも。

「ありがとう、お母さん。私が一番有難かった育児のアドバイス、何だかわかる？」

「う〜ん、何だろうね」

「い〜い？　旦那をこき使いなさい。『育児を手伝ってくれなかったら、ウソ泣きしてやるの。女は女優にならなきゃ。私なんか、いつも名演技だったわ』って教えてくれたことよ」

電話のこっちと向こうで、大笑いした。

142

お笑い番組を見て一緒に笑う

なぜなんだろう？　ちっとも笑えない。

千尋《ちひろ》は、大ヒットコメディ映画のシリーズ第３弾を見に出掛けた。いつものように、ポップコーンとホットコーヒーを買い、ひざ掛けをして目薬をさした。準備万端、後は笑うだけ。……にもかかわらず、笑えないのだ。いや、面白くないわけではない。１作目、２作目以上に大掛かりなＳＦＸの仕掛けもあり、思わず声を上げるシーンもあった。でも、笑えないのだ。その理由に、思い当たることがあり、せっかく楽しみに出掛けたのに、落ち込んで帰ってきた。

千尋は、先月、５年間同棲していたカレと別れた。原因はカレの浮気だった。浮気といっても、世間からみたら「大したこと」じゃないのかもしれない。「つい出来心」だと言い訳し、とにかく平謝り。私は、「赦《ゆる》そう、赦そう」と何度も自分に言い聞かせたのだが、どうしても、一緒に暮らすことはできなくなった。

カレも映画が好きだった。週末に限らず、仕事帰りにも待ち合わせをしては、映画を見た。ホラーでは二人で凍りつき、アクションでは声を上げ、コメディでは一緒に笑った。いつしか「映画を観る」は「二人で観る」というのが当たり前になっていた。29歳、独身。映画を観た後で、こんなにも淋しい思いになったのは初めてだった。

帰り道、いつものカフェに入った。席に座ってから後悔した。二人の思い出がいっぱいなのだ。「美味しいね」と言い合って食べるから、美味しさも増す。そんな当たり前のことに、今さらながら気付いて涙があふれてきた。

ふと、思った。母のことだ。母は、長く一人暮らしをしている。千尋が大学に入るため上京してからだから、もう10年以上になる。それ以前は、夕飯の後、一緒にテレビを観るのが習慣だった。特に、母が大好きな明石家さんまのトーク番組は、二人してお腹を抱えて笑った。

「バカじゃないの、ハハハ」

「ほんと、アハ、アハ、アハ、おかしい」

時に肩を叩き合い、横っ腹を突き合い、笑い転げた。

そうだ。母もこの10年、きっとお笑い番組を見ても、大笑いしてないんじゃないだろうか。千尋は、そう思うと居ても立ってもいられなくなった。考えれば、勝手ばかりして過ごした10代、20代。心配ばかり掛けたことが頭の中をぐるぐる回る。

まったく私は親不孝者だ。

母に電話した。3コール目で出た。

「あら、久し振りじゃないの。どうかしたの？」

「うん、金曜日の夜、遅くなるけど帰るから」

「あら、そう？」

「一緒にテレビ観よ」

6月

梅雨入りのニュースを聞くと、思い出す。
母さんが買ってくれた、あの長靴。
雨も降らないのに、「履いていく」って言い張って叱られたね。

143 熱中症にならないようエアコンをつけているか確認する

ついついエアコンは体に悪いからと我慢してしまうんですよね。温暖化で昔とは違うんです。

144 熱中症対策で実家の縁側や窓にヨシズを張る

面倒なんですよね。面倒だから、手伝う人がいると助かるのです。

145 実家のエアコンの掃除を業者に依頼する

せっかくのエアコンも、カビが生えている恐れがあります。こういう「おせっかい」が大切。

146 梅酒作りを梅の買い出しから一緒に始める

二人でスーパーに出掛けましょう。重いから一人じゃ大変。そうそう、ガラス瓶も。

147
速乾性の下着をプレゼントする

世の中、いいものが次々と発明されます。「これはいい！」って喜んでもらえますよ。

148
夏越《なごし》の祓《はらい》で一緒に無病息災を願う

日本古来のならわしです。和菓子の「水無月《みなづき》」も買って帰りましょう。

149
食中毒防止のため、実家の冷蔵庫の賞味期限切れ食品を整理する

よほど思い切らないと、できないんですよね。エイッ！ と背中を押して一緒に！

150
親の衣替えを手伝う

うかうかしていると、夏になってもダウンを出したままになっていることになります。

151
父の日に食料品を持って会いに行く

「父の日」って「母の日」の陰でひっそりとしているんです。お父さんのために、美味しいものを奮発しませんか？

152
アジサイ寺に母親を連れていく

雨が多い季節は出不精になりがちに。晴れた日に思い切って誘いましょう。

153

母のウェディングドレスを着る

オレは近く結婚する。相手は会社の同僚だ。どこに惹かれたかって？　それは、カノジョの優しさだ。

ある日、オレはクレーム対応で疲れて、ヨロヨロと会社に戻った。デスクのイスに座るなり、突っ伏した。そのまま眠りたい気分だった。その時だ。耳元に、コトッという音がした。顔を上げると、目の前にコーヒーが置いてあった。湯気が立っている。

「お疲れさまです、佐藤さん」

「あ、ありがとう」

それまで、ただの同僚だった女性が、気になる存在に変わった。気をつけていると、オレに対してだけでなく、課の全員に対して気配りがすごい。

そ・こ・に！　惚《ほ》れた。

一気に攻めて攻めて、結婚にたどりついたのだった。

今日は、カノジョのウェディングドレスの試着日だ。その後、カノジョの両親と、オレの両親と一緒に食事をすることになっている。試着室から着替えて登場すると、オレはもちろん、双方の両親が揃って、ホーッと声を上げた。

「キレイ！　麻衣さん」

「ほんと女優みたいだ」

みんなが褒《ほ》めちぎる。係の女性も微笑んで言う。

「とてもお似合いですわ」

「ありがとうございます。ご無理言ってごめんなさい。これでは儲からないですよね」

「いいえ、花嫁様に喜んでいただくのが私どもの喜びです」

実は、カノジョはドレスを購入しなかった。カノジョの母親が昔、自分の結婚式で着たというドレスを繕い直して着るというのだ。

「それが私の夢だったし、母の願いでもあったの。私、小学校の時から決めてたのよ」

と言う。オレのオフクロは、ことさらにカノジョを眩《まぶ》しそうに見つめていた。オヤジが言う。

「母さんは昔なぁ、もし娘ができたら、自分のウェディングドレスを着てもらいたいって言ってたんだ」

知らなかった。母親とはそういうものなんだなと思った。その時だった。カノジョが笑顔からスーと冷静なまなざしに変わったかと思うと……。

「お義母《かあ》さま、お願いがあります」

「何？　麻衣さん」

「もし、かまわなければ、お義母さまのドレス、披露宴のお色直しで着させていただけないでしょうか？」

「ほんと？　麻衣さん！　嬉しい‼」

とオレのオフクロが言った。刹那《せつな》、もう目からは涙がこぼれていた。

オレは、世界一の幸せ者だと思った。

154

チケットを取って両親と一緒にコンサートに行く

こんなにもたいへんだとは知らなかった。会社のライブ好きな同僚に聞いたら、「甘い、甘い」とバカにされてしまったのだ。それでも、どうしても父と母を喜ばせたくて、まずはファンクラブに入会するところから始めた。1年がかりの計画である。

夕食を食べ終えると、私は背筋を正しておもむろに言った。

「ねえ、話があるの」

母は、眉をひそめて「何よ?」と言った。父は無言。仕方がない。こんなふうに私が切り出す時は、いつもろくな話ではないからだ。高校3年の12月、急に進路を変えたいと言い出した時。大学の単位を落として、留年しそうになった時。構えられるのも当然だ。

「サザン好きだよねぇ」

「え?!」

そう切り出した私の言葉に、父がちょっと前のめりになった。

いつも、車の中でサザンオールスターズの曲をかけている。とくに「希望の轍《わだち》」が好きで、ショッピングモールへの往復にずっとリピートされた時には、さすがに参った。

私は、テーブルの上に封筒を置いた。

「なんだ、これ？」

「サザンのドームのチケット」

「なんだって！」

「お父さんとお母さん、サザンのおかげで結婚したって聞いたから」

去年のお爺ちゃんの七回忌の時、お婆ちゃんから聞いたのだ。大学生の時、お父さんが同じゼミ生だったお母さんから、サザンのアルバムを借りたのが、付き合い始めたきっかけだったと。そしてその直後に、偶然、知った。両親の結婚記念日に、サザンの札幌ドームでのコンサートがあることを。父が言う。

「嬉しいけど……。仕事がなぁ」

母が父に向かって言った。

「何言ってんのよ。舞が私たちを思って取ってくれたんじゃない！　有休取ってよ。わたし行きたい」

「う、うん。そうするか」

「私も行くからね」

と封筒から、チケットを取り出して見せた。父が首を傾げて訊いた。

「なんで4枚あるんだ？」

「お父さんお母さん、そして私と……カレシの分。サザンは縁結びの神様らしいから」

「え？　なんだって‼　カレシがいるのか、お前」

もう何度もカレシに会ったことのある母が、目を白黒している父に言った。

「そういうことらしいわよ」

155

スマホで通販での買い方を教えてあげる

「ネットで買い物なんて」と言っていたお父さんから、きっと感謝されることでしょう。

156

スマホの画面の文字を読みやすいように拡大設定してあげる

歳を取った人にしかわからない悩みです。いつか自分も「そうなる日」がやってきます。

157

ベッドやタンスなど粗大ごみの処分を手伝う

手伝ってくれる人がいないから、そのままになっている家具って案外あるものですよね。

158

家をプレゼントする

人生最大の買い物。ひょっとすると、人生「最大」の親孝行になるかもしれません。

159

物忘れして落ち込んだら「僕もだよ」と励ます

心配になるんですよね。ついに自分も認知症になったかと。そんな時、さりげないひと言。

160

物忘れが頻繁に起きたら、「物忘れ外来」に一緒に行く

認知症は、早い発見、早い治療で進行を遅らせることができるのです。

161

会社を辞めたいけど、もう少し頑張ってみる

勇輔《ゆうすけ》は悩んでいた。第一志望の企業に就職できたのだが、なぜか「頑張ろう」という意欲が湧かないのだ。そんな時だった。帰りの電車で、ばったり叔母さんに会ったのは。

叔母の美知は、父の妹。もともと8つも父と歳が離れてはいるが、バリバリ仕事を頑張っていて若々しい。幼い頃から、姉貴のように慕い「みっちゃん」と呼んでいる。

「何よ、元気ないわね、ちょっと寄ってく？」

と、乗換駅で途中下車した。初めて入る居酒屋のカウンターで、まずは生ビールで乾杯。

「勇くんとこうしてお酒飲めるなんて幸せだわ」

「みっちゃん、俺、今の会社合わないのかもしれない」

「あら、いきなり暗い話ね。勇くん、確か入りたくて入ったのよね」

勇輔は、昔から父親を尊敬していた。仕事人間で、家でも仕事の話ばかりしていた。それがなんだか、キラキラ輝いてみえた。そのため、勇輔はすでに中学生の頃から、父と同じ広告業界で働きたいと思っていた。ところが、いざ就職してみるとイメージと大違い。外からは華やかには見えても、毎日クライアントのところを駆けずり回って頭を下げるばかりの日々だ。世の中の大半の仕事が営業であることは認識している。でも、「働こう！」という意欲が湧き上がって来ないのだ。

「勇くんの会社ってブラック？」

「う〜ん、業界にしてはみんな早く帰る方かな。上司のパワハラもないし」

「仕事が辛《つら》いのが理由じゃないのね。あのね、私、13回も転職してるの知ってるわよね」

「うん、『今度の仕事は楽しい』って言ってたくせに、すぐ会社辞めちゃってたよね」

「そうなのよ、ひょっとしたら今の勇くんと同じかもしれない。もっと自分に適した仕事があるのかも。今の仕事じゃ燃えない。自分に合ってない。ほかに何か合った仕事があるんじゃないか。30歳半ばまで、ずっとそんなことばかり考えてた」

「へ～、そうなんだ」

「でもね、そんな私に、兄貴……つまり勇くんのお父さんが言ったのよ」

「なんて？」

「そんなにコロコロ仕事変わって、オヤジもオフクロも心配してるぞ。少しは腰を据《す》えたらどうだ。そしたら、安心させてやれるぞ、ってね。そう言われた直後は反発したけど……それも親孝行なのかなって。それでね、親孝行、親孝行って自分に言い聞かせたら、今の仕事に集中できるようになってね。そのうち仕事も楽しくなってきたの。当然、仲間もできるし出世もするし」

勇輔は、少しだけだが、心の靄《もや》が薄れていくのを覚えた。もう少し今の会社で頑張ってみようかな。父親と一緒に仕事の話、業界の話ができたら楽しいだろうな、と思った。叔母は笑顔で付け加えた。

「でも、私みたいに仕事が楽しくって、ずっと独身なのはお勧めしないけどね」

162

親の故郷《ふるさと》を一緒に見に行く

我が家では、毎年お盆に、2家族の計11人で旅行に出掛ける。両親、私と妻と息子が2人。同じく弟夫婦と子供が3人。これだけの人数となると、経済的に大変。ワンボックスカー2台に乗り合わせ、宿泊先も国民宿舎やペンションということが多い。少し、足元が心許《こころもと》なくなってきた母も、駅の階段を使わなくてもいいので、有難がっている。

行き先は毎年、私が決める。年によって異なるが、2泊か3泊。宿だけ予約をして、その間の行程はいっさい、行き当たりばったりだ。途中、「日本一おいしいコーヒー」なんていう看板を見掛け、誰かが「飲みたい！」と言ったら、引き返して店に入る。味が期待したほどではなくても、それはそれでみんなで盛り上がり、旅の思い出になる。

常に寡黙《かもく》で、ただ付いて来るだけの父が、今回珍しく「高山へ行きたい」と言い出した。

「どうしたの？　お父さん。テレビか何かで見たの？」

「う、うん……、まあ」

どうもはっきりしない。でも、私も一度、訪ねてみたいと思っていた町だ。東名から名神をひた走り、1日目は岐阜の長良川で1泊した。これは、妻の希望。一度、鵜飼いが見たかったという。テレビで見たのとは大違い。その美しさに溜息が出た。

さて翌日は、東海北陸自動車道に乗り高山へ一直線。お盆の時期というのに、こんなにもスイスイ走れるなんて。ついついスピードを出し過ぎ、妻に叱られる。その時だった。

「おい、朔太郎《さくたろう》！」

車中、ほとんどしゃべらなかった父が、大きな声で話し掛けてきた。

「どうしたんだ～、オヤジ」

「次で降りてくれ、次のインターだ」

今、気が付いた。父は地図を開いて、そこに指を置き指示していた。

「どうしたんだ？」

「いいから頼む。オレの生まれた町が近いんだよ、ここから。死ぬまでにもう一度、見ておきたいんだ」

父は山あいの寒村で生まれたと聞いている。8人兄弟の末っ子。極貧だったらしい。だからか、ほとんど幼い頃の話をしたがらない。高校を卒業すると名古屋へ出て就職。ところが、2〜3年ごとに転勤の繰り返し。50歳を過ぎ、ようやく関東の隅っこに終《つい》の棲家《すみか》を建てた。私たち兄弟も、転校の繰り返しだったので、「ふるさと」という意識がなかった。でも、父には「ふるさと」があったのだ。

「兄弟は全員町へ出たしなぁ。両親は早くに死んじまったから、墓も兄貴が大阪へ移転させたんだ。遠縁のもんも生きてるかどうか、その顔も覚えとらんが。でもなぁ、一度……」

私は慌ててハンドルを切り、国道へと降りた。子供達にも、自分達のルーツの町を見せてやれる。ひょっとすると、これが私の最大の親孝行かもしれないと思った。

7月

よく縁側で、スイカの種を飛ばし合いっこしたね。お父さんより、お母さんの方が遠くに飛ばしたもんだから、お父さんムキになって、いつまでもやめないんだから。

163

「お爺ちゃんが長生きできますように」と孫に七夕の短冊へ書かせる

これは泣けますよ。え？　やらせですって？　……それでもいいんです。愛があるから。

164

父母の体温を聞いて、熱中症を予防する

気が付いた時は遅かったということが多いんだそうです。

165

朝顔を一緒に育てて、毎日咲いた花を数えて写真を撮る

東京の「入谷《いりや》朝顔まつり」が有名ですが、この時期、全国各地でも開催されます。

166

4分の1サイズのスイカを持って行く

まるまる1個買えばいいんですが、「もったいない」精神が旺盛《おうせい》ですからね。

167
経口補水ドリンクを実家の冷蔵庫に入れておく
これは「命」を守る水です。大切な人の「命」だから。

168
風鈴を実家の軒先に吊るしてあげる
涼しげな音は、それだけで体温を下げる効果があるという科学的根拠あり。

169
土用の丑の日に、奮発してうなぎをご馳走する
いや〜　年々高くなりますよねぇ。奢《おご》ってもらわないと、自腹で食べるには勇気がいるようになってしまいました。

170
お中元に父母が好きなものを贈る
お世話になっている取引先より、もっとお世話になっている親へ。

171
ホタルを一緒に見に行く
夜はなかなか出掛けにくいものです。都会でも、見られるところは案外あるんですよ。

172
実家を訪ねるたびに、ペットボトルのお茶やお水を1ケース持って行く
こまめな気配り、定期的な気遣いが親孝行の第一歩。

173

家業を継ぐ

ある程度は想定していたことだが、ここまで揉《も》めるとは思わなかった。

「バカヤロー、誰が継いで欲しいって言った！」

「何言ってんだ、オヤジ！　俺がやりたいからやるって言ってるんだろ。継ぐとか継がないとかいう問題じゃねぇよ」

達也の家は、商店街の酒屋だ。父親の浩で三代目。祖父の代には左団扇《ひだりうちわ》だったが、酒の販売の自由化で売上は下降の一途。スーパーだけでなく、近くのコンビニでも酒を販売するようになってからは青色吐息だ。

「わかってるだろ、もう酒屋はダメなんだよ」

達也は、ちょっぴり嘘をついた。「やりたい」のは本心だが、やはり「家業を継ぎたい」と思ったのだ。曾祖父《そうそふ》から数えて88年。その歴史を父の代で終わらせたくないと思った。半年ほど前のことだ。偶然、同じ商店街にある喫茶店で、父親と隣の薬屋の主人・隆さんの話を、薄い間仕切りの背中越しに聞いてしまったのだ。

「うちの倅《せがれ》がなぁ、薬科大学に合格してなぁ。『僕が将来、この店継ぐから』なんて言ってくれるんだ。泣かせるよ、まったく」

その倅《せがれ》というのは、達也と一回り年下の薬屋の長男だ。薬局も酒屋と同様、斜陽産業だ。ドラッグストアの出店でどこも売上が激減。店じまいするところが増えている。

「いいなぁ、お前んところは孝行息子が居て」

「何言ってんだよ、浩さん。たっ君は優秀じゃないか。ほら、なんてったっけ。大きなレストランチェーンの本部で、マネージャーやってるんだろ？」

「う、うん。そうらしい」

「未来のない薬屋継ぐのが親孝行とは限らないぜ」

「お前、そんなこと言いながら、嬉しくてたまんないって顔しやがって」

その晩から、達也は悩み続けた。大学も就職先も、いっさい父親に相談なく決めた。それを黙って認め、喜んでくれた。なんとかその恩に報《むく》えないだろうかと。

達也は、ちゃぶ台の上に、ドンッと大封筒を3つ置いた。

「なんだ、これ？」

「この半年、会社の仕事で知り合った設計士さんとかコンサルタントさんとかと相談したんだ。この店を改装して、新しい酒屋を作りたいんだ。資料見てくれ」

「なんだ、それ？」

「酒屋は続ける。でも同時に日本酒のカウンターバーをオープンさせる。酒屋の方はそれに合わせて、日本酒に特化させるんだ」

達也は、険《けわ》しかった父親の表情が緩み、涙を浮かべているのにも気が付かず、熱く企画を語り続けた。

174

祖母の着物を着る

娘から急に連絡があった。

「ねえ、あさっての日曜日、家にいる？」

「何よ、急に。ゴールデンウィークも帰って来なくて、お父さん、心配してたのよ」

「仕方ないでしょ、フィールドワークで山に入ってたんだもの」

娘は、大学で森林生態学とやらを専攻し、菌とか苔《こけ》とかを採取して研究している。子供の頃から生き物が大好きで、家の中の水槽でカエルを飼うと言い出した時には猛反対したものだ。それが高じて、1年のうち何か月間かを山の中で暮らすという信じられない女の子になってしまった。もちろん、カレシができたことは一度もない。育て方を間違えたらしい……。

「あのさあ、家にさあ、着物たくさんあったわね。それ貸してよ」

「え？」

いったいどういう風の吹き回しだろう。普段、ほとんどお化粧もしないし、髪はぼさぼさ。カーゴパンツにTシャツという風体《ふうてい》なのに。もう母親としては、あきらめていた。

「ちょっとさぁ、集まりがあって着物着ることになってさ」

「集まりって？」

「その……パーティというか、宴会というか……。誘われたのよ」

「誰によ」

「誰に……？　う〜ん煩《うるさ》いわねぇ。貸してくれるの、くれないの？」

「あなたねぇ、貸すのはいいけど、自分で着られるの？」

「着付け教室に行くからいいわよ」

「あなた、すぐ着られると思ってるの？　何か月もかかるのよ」

「え⁉　……そうなの？」

「仕方ない。わかったわ。その日にお母さんが京都に行って着させてあげる」

「え⁉　ホント‼　……ありがたい」

母が大切にしていた着物。私の代で終わりかと思っていた。それを娘に着せることができる。こんな嬉しいことはない。娘にとって何よりの親孝行、そして亡くなったお婆ちゃん孝行だ。

でも、甘やかしてはいけないので、精一杯恩着せがましくしておかないと。

「1つ、条件があるわ」

「何よ？」

「白状しなさい。なんで着物を着るなんて言いだしたのか」

娘はのらりくらりと誤魔化そうとしたが、結局、口を割った。ゼミの先輩の実家が西陣の呉服屋さん。その家で、着物パーティがあり参加するのだという。私はニヤニヤしながら問い詰めた。

「恋、したのね」

電話の向こうから娘のにやけた声が聞こえた。

「えへへ」

175

「お父さんは仕事で悩んだ時、どうしたの?」とアドバイスを受ける

親が頼られて嬉しいことは、自分に置き換えてみるとよくわかります。それは悩み事の相談。

176

ゲームのやり方をコーチして、孫と対戦してもらう

いつの時代でも共通する、お爺ちゃんお婆ちゃんの喜び。それは孫と「真剣に」遊ぶこと。

177

失くしたもの(例えば視力)を見ず、残っているもの(例えば脚力)を褒《ほ》める

歳を取ると、失うものが次々と増えてくるものです。心がプラスにプラスに向くように。

178

縁起でもないと考えず、「今日が親との最後の日」と思って接する

「明日、食事に誘おう」と思って、一日延ばしになっていませんか？

179

ついケンカしてしまったら、先に矛《ほこ》を収める

親に限らない。夫婦も兄弟も友達の間でも同じですね。先に謝る勇気を持ちたいものです。

180

掃除、洗濯、衣替え、整理……、いい加減にするように勧め、残りはフォローする

「家事」をきちんとするのも大切だけど、時間を作って人生を楽しんでもらうため。

181

父と
キャッチボールをする

わたしは、引きこもりだった。小学校の2年生くらいから5年生まで、ほとんど学校へ行っていない。とにかく、外へ出たくなくて、2階の部屋に「こもって」いると安心できた。でも、リビングやキッチンにまでは降りて行くことができ、1週間に1度くらいは、両親と一緒に夕食をとることもできた。極々、まれにではあるけれど、母親が手掛けている家庭菜園を見に行ける日もあったから、最悪の状態ではなかったのかもしれない。

最初の頃は、両親も力づくで学校へ行かせようとしたが（後で聞いたことだが）、カウンセラーさんのアドバイスで、黙って見守るようになった。でも、5年生の夏に異変が起きた。それは日曜日の昼時だった。

「リサも知ってることだけど、お前にはお兄ちゃんがいたんだよね」

「うん、知ってるよ。わたしが生まれる前に、亡くなったって」

「男親ってな、たいていこう思うらしいんだ。息子ができたら、一緒にキャッチボールしようとか、成人したら、居酒屋へ二人で飲みに行こうとか」

わたしは、何を思ったのか、こう答えた。

「わたしでよければ、いいよ、キャッチボール」

「え？」

父も母も、無言で顔を合わせた。

「何よ、女の子じゃダメなの？」

「いや、……嬉しい」

父は、近くのスポーツ店へ走り、グローブ2つとソフトボールを買ってきた。表へ出るのはどれぐらいぶりか。そして家の前の道路でキャッチボールを始めた。もちろん、わたしにうまくできるわけがない。でも、父は、丁寧に、丁寧にほおってくれた。

間違いなく、それがきっかけになり、わたしは次の日から学校へ行き始めた。そして、なんとソフトボール部に入部した。

それから、15年が経った。その父が大病をして、2か月ほどの入院生活の後、家に帰って来た。お医者さんは「もう大丈夫だから、少しずつ普通の生活に慣らしていって下さい」と言う。わたしは、なんとか外へ連れ出そうとして「海を見に行こうか？」「ドライブも気持ちいいよ」と誘うが、なかなか乗ってこない。ほとんど外出もしないまま、2か月が経った。今度は、父が「引きこもり」になってしまったのだ。

わたしは、ふと「あの日」のことを思い出し、納戸の奥にしまってあった2つのグローブを取り出してきた。そして、昼ごはんの時、食卓の上にポンッと置いた。

「ねえ、キャッチボールやらない？」

父はキョトンとして目をパチクリしている。かと思ったら、にこりと笑った。

「よし！　やるか」

182

親の不自由さに気付いてあげる

「イテテテテッ!!」

オレは叫んだ。右手に衝撃。激痛。左手で右手を持って、ピョンピョン飛び跳ねた。

「どうしたのよ～？　あなた」

「ドア、ドア……ドアで指をはさんだ」

「そんな大袈裟《おおげさ》な～」

そう言い、妻は「見せてごらんなさい」とオレの手を取り、傷の具合を見た。

「ああ、血が出てる」

「当たり前だ！」

「でも、ちぎれてないわ。たぶん骨は折れてない。これなら、薬塗っておけば治るわよ」

「痛いんだよ～」

「もう大袈裟ねぇ」

妻の見立て通り、ケガ自体はたいしたことはなかった。だが、しばらくは鈍い痛みが残った。そのため、ちょっとばかり生活に不自由することになった。不自由とは言っても、右手で箸《はし》もスプーンも持てるし、握手もできる。でも、力が入らないので、瓶《びん》のフタが開けられない。ペットボトルやケチャップのフタも回せない。もうイライラして「クソー！」と口にする。

そんな様子をそばで見ていたオフクロに言われた。

「これでわかったでしょ！　わたしの気持ちが」

オレは返す言葉もなく、下を向いた。

母は、昔から大袈裟だ。ちょっと指にケガをしただけで大騒ぎする。

「血が止まらないわ〜。出血多量で死んじゃう」

「ばい菌が入って破傷風になったらどうしよう」

初めて聞いた者は、びっくりして駆け付けるが、家族の中では「オオカミ少年」と同じようなものだった。よくよく考えてみると、今回オレが「痛い痛い」と泣き叫んだのも遺伝かもしれない。

オレは、右手が治ってからは、１００％心を入れ替えて親孝行に努めるようになった。

家族でドライブに出掛ける時、オフクロにはペットボトルのキャップを外してから渡す。いつも「膝が痛い」と訴えるオフクロのために、２階への階段に手摺《てす》りを取り付けてもらった。「お風呂場が寒い」というので、脱衣所と浴室に暖房機器を購入した。今までなら、「聞いて聞かぬフリ」をしていたことだった。とにかく、オフクロの「不自由さ」に気付いてやるように心掛けた結果だった。

妻が言う。

「あなた、急に親孝行になっちゃって。いいことだけどさ、女房孝行も忘れないでよね」

とニヤニヤして言う。

「そうだ、いかん」と気付いた。もうすぐ妻の誕生日だった。

183

「心の電話」など、人の役に立つ ボランティアを勧める

「情けは人のためならず」と言います。人のために働くと、
自分が元気になれるものです。

184

いつまでも「現役」で 働いていてもらう

「生涯現役」であることが大切。
「生きがい」は健康にも繋がります。

185

毎日、何か1つでいいから 家事を頼む

「頼む」ことは「甘え」ではありません。
「頼まれごと」は、「頼られている」という「喜び」に結びつきます。

186

冷やし飴を作ってあげる

関西では夏の飲み物の定番なんです。
お父さんは大阪生まれでしたよね。

187

再婚を勧める

子供としては、勇気がいることかもしれません。
でも、ひょっとして背中を押して欲しいのかもしれません。

188

ボーイ（ガール）フレンドを見つけるよう勧める

昔から言いますよね。
「歳を取ったら、良い茶飲み友達を作りなさい」と。
それが長生きの秘訣の1つ。

189

「オフクロの味が食べたい」と甘える

藤井健也は、少々ずる賢い少年だった。要領がいいというか、調子がいいというか。例えば、中学生の時、むちゃくちゃ厳しくてみんなに怖がられた数学の男の先生がいた。いつも竹刀《しない》を手にして机をばんばん叩き「宿題忘れた奴、前に出ろ！」と怒鳴る。今なら教育委員会で問題になってしまうこと、間違いなし。

健也は、毎日のように給食や放課後の時間に職員室を訪ねて、「先生、ここがわからないので教えて下さい」と言った。最初は、「そんなのがわからんのか！」と怒られたが、そのうちニヤニヤして「どれどれ」と笑顔で教えてくれるようになった。もっとも、クラスメートからは「ベンチャラ男」とバカにされたが。

家でも同じ。母親に叱られると、その後ご機嫌を取るために甘えてみせた。「ねえねえ、今晩カレーにしてよ～」とか「新しい靴下買って」とか。普通なら、母親に叱られた子供は顔を合わせないようにする。その反対に、甘えて甘えて、「仕方がないねぇ、この子は」と思わせてしまうのだ。

それは、社会人になっても変わらず、そのおかげで抜群の営業成績を上げた。同僚はみんな「人たらしの藤井さん」と呼んだ。

健也の母親も、85歳になった。健也自身も再来年は、一応の定年を迎える。故郷の母親を東京へ呼び寄せようと思うのだが、「こっちには友達がいるから」と言って応じない。親孝行したいのだが、なかなかできなくてヤキモキしている。その代わり、このところ、月に1度ほど、夜行バスに乗って故郷へ帰る。金曜の夜に発ち、実家に1泊して帰る。今日も、健也はバスターミナルから母親に電話をした。

「ああ、お母さん。もうすぐ乗るところ。いつもみたいに7時には着くから」

「仕事で疲れてるやろう。気いつけてなぁ」

「うん」

「朝食は何がええ?」

健也は迷わず答えた、甘えた声で。

「出し巻卵がいい」

「なんや、またか」

「うん」

「そんなもん、どこでも食べられるやろう。雅恵さんも作ってくれるやろうし」

「いや、お母さんのがいいんだ。オフクロの味が」

「仕方ないねぇ」

かつて健也は、そんな自分の心に「やましさ」を感じた時もあった。

「あんたは昔っから人をおだてるのが上手かったからなぁ」

「え⁉」

（わかってたんだ、オフクロは……）

「でも、そう言われると嬉しいよ」

翌朝、食卓には、出し巻卵が大皿に山盛りになっていた。まだ湯気が立っている。

健也の母親が、満面の笑顔で「おかえり」と言った。

190

両親の仕事を子供に自慢する

息子夫婦は忙しい。健は郊外のショッピングモールで企画の仕事をしている。そのため、週末の出勤は当たり前だし、ゴールデンウィークは一番忙しくて、帰りは深夜になる。嫁の薫さんは中学校の先生だ。これまた帰りが遅く、部活の指導で休日も出掛ける。

にもかかわらず、生活が回っているのも、私たち、お爺ちゃん、お婆ちゃんがいるからだ。何かにつけて頼ってくる。小4になる孫の瑛太は、ほとんど私たちが育てたと言っても過言ではない。薫さんの産休が開けると、昼間は妻が面倒をみた。保育園に上がると、送り迎えは私の担当。小学校に入学してからは、クラスの友達を連れてくるので、我が家はおやつ付きのゲームセンターのようになってしまった。

それができるのも、息子夫婦が「スープの冷めない距離」に住んでいるからだった。

息子夫婦も「悪い」とは思っているらしい。でも、二人とも仕事が楽しくて仕方がない時期らしい。その気持ちは、家庭を顧《かえり》みない「仕事人間」だった私にはよくわかる。もっとも、妻にとっては「孫が可愛くてしょうがないから」という理由からだが。


今日も、瑛太は学校が終わるとそのままうちへやってきた。仲良しの大和君と翔君も一緒だ。今日の宿題を、座敷机の上に出しながら言う大輔君の声が聞こえた。

「なぁなぁ、瑛ちゃんのお爺ちゃんて新幹線の運転手してるんだろ？」

「ううん、違うよ」

「この前、のぞみだって言ってたじゃん！　N700A、カッケー！」

最近は鉄道オタクの子供が多いらしい。どの鉄道博物館も満員御礼。長く新幹線の仕事をしていた身としては嬉しい話だ。だが……「それ」はちょっと間違っている。それにもうとうに退職しているし。でも、瑛太の面子《めんつ》もあろうから、言おうかどうしようか迷った。すると、瑛太がちょっと大きな声で否定した。

「お爺ちゃんは、運転手じゃないんだ！」

「じゃあ、嘘ついてたのかよ〜」

「嘘じゃないよ。新幹線の仕事してたって言ったんじゃないか。お爺ちゃんは保線工だったんだ」

「なんだよ、ホセンコーって？」

瑛太は、教えたこともないのに、夢中でしゃべり出した。

「新幹線はさ、なんで安全に走っているか知ってるか？　毎日毎日、真夜中に線路を点検したり修理したりする人たちがいるからなんだ。その線路の上をドクターイエローが走ってテストするんだ」

「カッケー！　真夜中かよ。すげー仕事じゃん、ホセンコーって。でも、お前詳しいなぁ」

「お父さんが、いつもお母さんに自慢してるの聞いてるからさぁ」

（え!?　……息子が？）私は、顔がほころぶのを止められなかった。

8月

私がホラーが苦手なのは、お父さんのせいだからね。

夏休みに、お父さんに無理やりお化け屋敷に連れて行かれたせいで、その晩からトイレに一人で行けなくなったのよ。

191 避暑に一緒に行く

猛暑の日本。朝晩だけでもいいから、エアコンなしで眠れるのは最高の贅沢《ぜいたく》です。

192 母とお揃いの浴衣で盆踊りに行く

幼い頃を思い出して。屋台の焼きそばも魅力的ですが。

193 ボーナスの1割を渡す

年金だけじゃ、いろいろ我慢しなくちゃいけないことも多いはずです。

194 父親とテレビで一緒に甲子園を見ながら、ビールを飲む

あの純粋なプレーを見ていると、応援する側も一体になれるんですよね。

195

親が夜中もトイレに行きやすいように足元灯を取り付ける

転んだことが原因で、寝たきりになるケースが多いんです。

196

線香花火を一緒に楽しむ

童心に返るというのはいいもんです。スイカの種飛ばしもしましょうか。

197

父と男同士の旅をする

親子でも、同性にしか言えないことがあるのです。

198

お盆に帰省したら、実家に高校時代の仲間を集合させる

わいわい賑やかなのは、お祭りみたいで両親も喜ぶはずです。

199

振り込め詐欺防止に、親子で「電話の合言葉」を作る

忘れては元も子もありません。簡単なものがいいかも。例えば、好きな食べ物、好きなタレント。

200

親専用のテレビをもう1台買う

お孫さんに遠慮して我慢しているかもしれませんよ。

201

「おかあちゃん」と呼ぶ

我が家では、中学1年の息子に「お父さん」と呼ばせている。妻が出産してすぐの頃「パパでちゅよー」と言ったので「止めてくれ、パパという柄じゃない」と頼み込んだ。案外、私は古風なのだ。息子は母親のことを「ママ」と呼ぶため、一つ屋根の下に、なんだか和風と洋風が入り交じったような雰囲気が漂っている。

では、私は、両親のことをなんと呼んでいたのかというと……。「おとうちゃん、おかあちゃん」だった。中学2年の時にクラスの女の子の家に誕生パーティに招かれた。ちょっと「いいところの家の子」だ。みんなでゲームをして盛り上がっている時、私の母親がやってきた。畑で採れたばかりのトウモロコシを山ほど茹《ゆ》でて、差し入れに持って来てくれたのだった。そこで、私はごく普通に「あっ、おかあちゃん」と呼んだ。笑い声が起きた。

「山村君、家で、おかあちゃんって呼んでるのね～」

誕生パーティの主人公の女の子が、からかうように言った。私は、その翌日から、外でも家でも「オフクロ」と呼ぶようになった。オフクロは、なんだか戸惑っているふうに見えた。だが、きっとオフクロよりも私の方が、戸惑っていたに違いない。

そんなことを思い出したのは、2年ぶりに家族揃って、お盆休みに私の故郷に帰省したからかもしれない。オヤジが亡くなった後、オフクロは一人で細々と野菜を作って暮らしている。縁側でオフクロが茹でたトウモロコシをみんなで食べる。

「おばあちゃん、ありがとう」

と言い、息子は無心にかぶりつく。私も、

「おばあちゃん、ありがとう。コイツ、おばあちゃんに会いに来るのが楽しみで」

「そうだよ、オレ田舎の方が好きだな」

などと、大人びたことを言う。その晩、妻と息子が寝入った後、縁側で一人ビールを飲んでいると、オフクロが「私も飲んでいいかな？」と起きてきた。

「みんなで来てくれるのは、一番の親孝行だよ」

「毎年来られなくてごめんな。去年は私立の受験だったから」

「あのね、勇太」

オフクロは、言いにくそうにしている。

「なんだよ、何かあるのか？」

「孫に『お婆《ばあ》ちゃん』て呼ばれるのはいいけど、お前や雅美さんに『おばあちゃん』て呼ばれると淋しい気がするのよ。一気に老けたようで。昔みたいに、『おかあちゃん』って呼んでくれんかなぁ」

まさか、オフクロがそんなことを考えていたとは……。思いもよらぬ頼みごとだったが、私はものすごく腑《ふ》に落ちた。

私は、オフクロの顔を見つめて言った。少し恥ずかしくはあったが……。

「おかあちゃん」

オフクロの目がみるみる赤らんでいくのがわかった。私は、もう一度言った。

「おかあちゃん」

私の方が先に泣き出しそうだった。さらに、もう一度呼んでみた。

「おかあちゃん」

202

カレシを家に連れてくる

「あなたぁ～、うっとうしいから動き回らないでよ。テレビでも見て、じっとしててよ」

「そんなこと言ったって、誰が落ち着いていられるっていうんだ!?」

「あなたが言い出したことじゃないの」

「あ～、わかってるよ。もうテレビまでバカにしやがって」

「それ違う、テレビじゃなくて、エアコンよ。深呼吸でもしなさい」

オレは、エアコンのリモコンを手に、カミさんに言われるまま大きく息を吸った。

娘は、大学3年生。オレとは違ってめちゃめちゃ勉強ができる。国立大学で弁護士を目指して勉強中だ。でも、ガリ勉というわけではない。いまどき、まだそんな部活があるのかと驚いたが、ワンダーフォーゲル部に所属して、ときどき山登りに出掛ける。

誇らしく自慢の娘なのだが、心配していることがある。

もらってくれる男性がいるかどうかってことだ。

父親の口から言うのは辛《つら》いが、小学生の頃、何度も「ブス」と呼ばれて泣かされた。しかし、そんな話を聞かされても、まったく心配はしていなかった。なぜなら、オレも小学生の時に、好きな女の子に対して「ブス」と言って気を引こうとして、からかっていたからだ。こんなにカワイイうちの娘が、間違っても「ブス」なわけがない。

ところが、中学、高校、大学と、一度もカレシができなかった。当人いわく。

「いいの、私はブスだから恋愛は無理。学者か弁護士になって一生独身で生きて行く」

そう言い、猛烈に勉強し難関校に合格したのだ。オレは、父親として、なんと言ってやったらいいのかわからなくて悩んだ。妻は、「そういう生き方もあるのよ」と笑っていたが……。

その娘が、父の日を前にして尋ねてきた。

「ねえ、パパ。何か欲しいものある？」

「何もいらん。欲しいものは、自分で買うからいい」

なんて冷たい言い草か。毎日笑顔で居てくれるだけで、十分に幸せだと思っているのに。

「本当に何か欲しいものはないの？　なんでも言ってよ」

「う～ん、それならカレシをうちに連れて来て欲しいかな」

「……わかった」

「え⁈　わかったって？」

「実は、結婚も考えてる人がいるの」

「なんだって！」

まさか、娘にカレシが⁉　寝耳に水のことで、オレはただ茫然《ぼうぜん》とした。

テレビドラマなら、さしずめ「どこの馬の骨だかわからない奴に、大切な娘はやれん」と言って、怒鳴り散らすところだろう。だが、正直嬉しい……。相手の気が変わらないうちに、熨斗《のし》を付けて進呈したいくらいだ。かといって「こんな娘で本当にいいんですか？」などと口にしたら、二度と娘は口を利いてくれなくなるに違いない。う～ん、いったいどんな男なのか。

オレは喜びと淋しさが入り交じり、狭い家の中をグルグルと回っている。

ピンポーン！

ドアホンが鳴った。

できることなら逃げ出したくなった。

203

親に「健康なうちは働いてね」と応援する。するとと元気にいつまでも働こうと思う

悠々自適の年金暮らしより、生きがいはあるかも？　認知症予防にもなるし。

204

亡くなった母親との馴《な》れ初めを改めて聞いてあげる

父親と母親だって、大昔「恋」をしたのです。キュンとする恋かもしれませんよ。

205

父とエッチな話をする

これは男と男の内緒の話。悪いけれど、申し訳ないけれど、奥さんや娘には聞かせられない。

206

頼まれる前に気付く。例えば、お茶

こういうことって、以心伝心なんです。
きっと言われます。「ちょうど飲みたかったんだ」と。

207

父（母）の歩幅、スピードに合わせて歩く

あんなに健脚だった父が、知らず知らずのうちに年老いて……。
悲しいけれど、これも親孝行。

208

年老いた父の、口からこぼしたごはん粒を黙って拾う

「子供に還る」と言います。こぼしても当たり前です。「黙って」というのがミソ。

209

父親に
「お前を育ててよかった」と言われる
「思いやりのある」人間になる

大学の夏休みに帰省した。

帰省というと「都会から田舎へ」と思われるかもしれないが、その逆。オレの「田舎」は東京で、大学が四国にある。飛行機に乗ればすぐだが、お金がもったいないのでめったに帰らない。しかし、久し振りにお盆を前に帰省し、オヤジと飲みに行く約束をした。

午後6時、オヤジの会社の前で待ち合わせ。「いい店があるんだ」と言われてついて行く。地下鉄に乗り、3つ目の駅で降りて上に出る。

「ここ、ここ」

「へー、渋いじゃん」

まるでドラマでしか見たことがないような細い路地の奥の居酒屋だった。

まずは乾杯。「なんでも好きなもん食え」と言うので、じゃがバター、串カツを注文。グイグイ飲んで、バンバン食べる。その様子を、向き合って腕組みをして見ていたオヤジがニヤニヤしている。オレが言う。

「ひょっしてさあ、あれか？」

「なんだ、あれって？」

「よく言うだろ。息子が大きくなったら、一緒に居酒屋で酒を飲むのが夢だとかなんだとか」

「まあ、それもある」

「なんだよ。それも、って？」

「いや、お前は親孝行だなって」

「え!?　なんだよ、それ」

「ここへ来る時、お婆さんに、お前、席譲ったろ？」

「ああ、なんか汗かいてしんどそうだったからな」

「それから、電車に乗る時、お腹の大きな女の人に声掛けて、ベビーカー持ち上げて乗せてあげたよな」

「別に大したことじゃない」

「おっ、一人前のこと言いやがって」

とはいうものの、オレは照れた。飲んでいなければ、顔が赤くなっているのがバレていたに違いない。

「お父さんはお前が誇らしいよ」

「やめろよ」

「お前を育ててよかった。思いやりのある人間になってくれたことが一番の親孝行だ」

そう言い、オヤジはグイッとビールを飲み干した。そしてもうひと言。

「まあ頭はイマイチだけどな、これは遺伝だから仕方ないか」

210

母親に
「あなたを生んでよかった」と思われる
「嘘をつかない」人間になる

「ねえねえ、お母さん。誕生日さあ、何か欲しいものある？」

「何よ、ストレートに。別にこの歳になると、誕生日なんて嬉しくないわ」

「じゃあ、どっか食べに行く？　豪華なやつ。好きなもの奢《おご》らせてよ」

「そんなこといいわよ、別に」

こんな会話は、いつものことだ。母は苦労人だ。私が小学生の時に父と離婚した。父が経営していた建築会社が倒産。それがきっかけで父はお酒を飲むようになり、生活が乱れた。だから、養育費も入ってこないので、母は保険のセールスをして私を育ててくれた。一時は、それだけでは食べていかれないので、夜、飲食店で働いていたこともある。

「彩《あや》、あんたねぇ、まさか親孝行したいって思ってるんじゃない？」

図星だった。8年前、大学を卒業してアパレルの会社に就職した。私には奨学金の返済があるが、それでも我が家は経済的にゆとりができた。ずっと私は考えていた。自分で稼げるようになったら、母になんでも欲しいものを買ってあげようと。

でもいつも母に退けられる。

「そんなこと考えなくてもいいから貯金しなさい」

「も～う、つまらないなぁ」

母が、急に真顔になって言った。

「あのね、あんた、プレゼントとか考えてくれなくてもね、今でも十分に親孝行してくれてるのよ」

「え？」

何のことかわからない。私がキョトンとしていると、続けて言う。

「あんた、正直でしょ」

「なんの話よ」

「いいから聞きなさい」

「……」

「あまり訊《き》かないようにしてたけど、あなた、カレシができてもなかなか続かないでしょ？　身体のこと、最初から隠さずに話すからでしょ？」

またまた図星だった。私は、腎臓の持病がある。普通の生活をしているので、打ち明けなければ誰もわからない。でも、付き合い始めた男の人には、最初から言うようにしている。もし、すごく好きになってしまってからでは辛《つら》いというのもある。でも何より、嘘や隠しごとが嫌いだからだ。

「この前、コンビニで店員さんがお釣りを間違えて余分にくれたって言って、わざわざ、また電車に乗って返しに行ったでしょ。たった50円を。私はね、いい子に育ったなって、とっても嬉しいの。あなたを生んでよかったって思うの。それだけで十分、親孝行なのよ」

結局、母の誕生日は家でピザを取り、二人で乾杯をした。でも、母は幸せそうだった。

211

老人会の仲間全員に
旅行のお土産を買っていく

間違いなく、老人会の中で、お父さん（お母さん）の株は上がります。

「ええ、息子（娘）じゃなぁ」。

212

老人扱いしない

「買い物行くの。荷物持ってくれる？」「年寄りを使いやがって」

……でも、嬉しそうな父。

213

オシャレを心掛けるように
姿見鏡をプレゼントする

親孝行に、セーターを買ってあげるのも1つ。

でも、もう一歩進んだ親孝行がコレです。

214

母に自分が生まれた時の話を改めて聞く

よくテレビドラマで、子供が生まれるシーンがあります。
でも、案外知らない自分の出産。

215

父の誕生日に、母と一緒にケーキを作る

買ってくるのは簡単。でも、ポイントはお母さんと一緒に作るということ。
お母さんも喜ぶに違いありません。

216

父にインタビューして、父の一代記を代筆する

「自伝」を書きたい人は大勢います。
世の中には、代筆してくれる会社もあります。

217

仕事の愚痴を言い合う

ずっと思っていた。なんで、うちの父はいつも機嫌が悪いのだろうかと。家に帰って来ると、いつもイライラしている。父は、それを見た母に叱られる。

「私に当たらないでよね！　ご飯の時くらい楽しい話できないの?!」

すると父は、「悪い……」と漏《も》らし、シュンとしてしまう。

ところが、自分も社会人になると、父の気持ちがわかるようになった。会社というのは、どうしてこんなに理不尽なんだろう。例えば、Ａ課長。

「おい、この会議の資料、急いで20部ずつコピー取っておいてくれ」

そう言われて、仕事を中断してコピーに没頭する。すると、遠くの課長席から呼ばれる。

「おい、田中～。データ作ったか？」

「いま、頼まれたコピー取ってます」

「それは明日のやつだ。データは急ぎだって言ったじゃないか」

「え!?　……」

それならそう言ってよねぇ……と思うが、言ったところで始まらない。そのくせ、データ作りに戻ると、またまた声が掛かる。

「打ち合わせだ！　課の全員集合」

おいおい、このデータ作らなくてもいいの……？　そんなことが日に５つも６つもあるのだ。そのくせ、「優秀な社員ほど残業はしないもんだ。さあ、帰れ帰れ」と言う。まだ仕事が残っているのに、追い立てられるようにして会社を出る。仕方がない。明日、１時間早く出社して片づけよう。家に帰ると、冷蔵庫に直行する。

シュパッ！　缶ビールを開ける。立ったままグビッグビッ。う〜ん、たまらないわぁ〜。そこへ父が帰って来る。

「おっ！　やってるな」

父も冷蔵庫を開けて缶ビールを取り出す。

「ウ〜ン、ウマイ！」

「ねえねえ聞いてよ、お父さん」

「お前の話は後だ。今日、とんでもないクレーマーが会社にやってきたんだ」

「へ～」

母が怒鳴る。

「あなたたち、いい加減にして！　もうすぐご飯なんだから、着替えて来なさい‼」

父と私は、シュンとしていったん自分の部屋に戻り着替える。

そんな毎日、そんな我が家。でも、この前、母に言われた。

「お父さん、あなたと愚痴言い合うのが楽しみらしいわ。あなた、けっこう親孝行してるのかもよ」

218

薬の飲み忘れ、
電気の消し忘れに気付いても
怒らない

「なんか最近、イライラしてない？　お母さんの具合よくないの？」

真沙美の母親が心筋梗塞で入院したのは2か月前。大事には至らず、2週間ほどで退院できた。ところが、すっかり自分に自信を失くしてしまい、ボーとしていることが多くなった。イライラの原因は、その母親だ。お昼休みに、3つ年上の同僚の奈々が心配して聞いてくれたのだった。

「うん、無理しなければ大丈夫。でも、退院してから腹が立つことが多くて参っちゃう」

「何がよ」

「トイレに行くとね、必ず電気消し忘れるの。ううん、トイレだけじゃない。洗面もお風呂もクローゼットも……。『ちゃんと消してよね、心臓で入院はしたけど頭は大丈夫なんだから』って、そのたびに言うのよ。『わかったわかった』って言うんだけど、また消さないの」

「うちの旦那もそうよ。点けても消さない男」

そう言い、奈々は大笑いした。

「へえ～、そうなんだ」

真沙美は、夫のだらしなさを愚痴ることなく笑い飛ばす奈々を不思議に思った。

「でもさ、薬も飲み忘れるのよ。『また救急車騒ぎは嫌だからね、しっかりしてよ』って怒ってやるんだけど」

奈々は急に真顔になり、真沙美に言った。

「あのね、真沙美ちゃん。もうイライラするのやめたら？　顔の皺《しわ》増えちゃうよ」

「え～、いやだ」

「そうでしょ。私がいいこと教えてあげる」

「何？」

「お母さんがね、電気消し忘れても黙って消しておくのよ」

「そんなことしたら、また次も点けっぱなしにするでしょ」

「いいのよ、それで。何も言わずに消すの。そうすると、お母さんも嫌な気持ちにならないしね。1つ消したら1つ親孝行したと思ったらいいのよ。お母さんをフォローしてあげるつもりでね」

「でも、薬の飲み忘れは……」

「それは命に関わるから困るわよね。一緒にいる時には、真沙美ちゃんが黙って飲ませればいいし、お昼は家に電話したらいいのよ。『飲んだ？』って確認するのよ。1回電話したら、1回親孝行したって思えばイライラもなくなるかもよ」

真沙美は感心した。そんな考え方があるなんて。

「効果あるわよ。うちの旦那で証明済みだから。それで我が家は幸せなのよ」

なんだか不思議と気持ちが軽くなった。

「うん、帰ったらやってみるね」

219

父の靴を磨く

さりげなく、悟られないように、こっそり磨いてくださいね。サプライズだから。

220

母の好きなジャニーズの話をする

案外多いんですよ。シニアの「おっかけ」は。ジャニーズファンは年代を超えます。

221

一人暮らしの父のため、家事代行サービスを頼む

毎日、栄養のバランスを考えた食事を作ってもらうのは、お金に代えがたい価値がある。

222

「いろいろあったけど、いい人生だったね、羨《うらや》ましいよ」と言う

苦労1つない人生はありません。「あの日」があるから「今の幸せ」がある。

223

親子でも、相手の嫌がることは口にしない

どんなに近しい間柄でも、踏み入ってはならないこともあります。

224

不愉快になっても、本当に両親のためと思う大事なことはハッキリ言う

「タバコは止めようよ」「甘いものもほどほどに」「ご近所でも着替えて出掛けよう」

225

スープが冷めるくらいの距離に住む

わたしの両親は、昔から「勉強、勉強」とうるさく言うことはなかった。特に父親は「人生は人間関係が一番」と言うのが口癖。どんなに頭がよくても、人付き合いが下手で、出世できなかったり、仕事を辞めてしまう人が大勢いるのだという。さらに大切なのは「親戚付き合い」と「親孝行」だと言う。我が家は、お正月とお盆には、うちと父の兄弟家族3組が、お爺ちゃん、お婆ちゃんの家に集合する。時々、静岡から母の妹家族も泊り掛けで参加。そして、一人ひとりが、順番に近況を報告。「課長になりました」とか「今年は花粉症がひどくて、いいお医者さん知らない？」とか「カノジョができ……ません」などと。

わたしは、どのうちでもそうなのだと思っていたが、友達に話したら、「気持ち悪～い」「信じられない」と、びっくりされてしまった。でも、私は、こういう家族が大好きだ。

今、我が家、いや、一族の最大の関心事は、引っ越しだ。長年住んでいるマンションが老朽化して立て替えることになった。となると……どこへ引っ越すか。この問題が、お盆の家族会議の議題（？）になった。父が言う。

「もしできたら、この家のすぐ近くでマンション探そうと思うんだ」

すると、忠《ちゅう》オジサンが、

「それがいい。この家は、お前たち家族が同居するには狭すぎるしな。オヤジもオフクロもまだ足腰はしっかりしてるけど、先々心配だしな」

と同調した。またまた父が、

「昔からスープの冷めない距離に住むのがいいって言うだろう。2丁目の公園の前に作ってるマンションはどうだろう。ここから歩いても2〜3分だし」

と提案。

「おお、新聞のチラシ見た。そろそろ内覧会があるらしいな」

どんどん話が進んでいく。その時だった。祖母が、突然大きな声で言った。

「そんなの反対よ」

「え？」

みんなが一斉に向く。

「い～い。時々、こうしてみんなで集まるから楽しいのよ。そんなスープが冷めない距離になったら、きっと行き来する回数も増える。そしたら、私と文恵さんとの間で、よけいな気遣いしなくちゃいけない。あんたたち男には、わからないのよ。女の気持ちが」

一同シーンとしてしまった。今度は母が言う。

「実は、こんな話、時々、義母《かあ》さんとしてるのよ。『スープが冷めるくらいの距離』がいいわねって。だから、電車で2つか3つくらい離れたところがちょうどいいんじゃないかって」

わたしは思った。男って本当にダメだなぁって。「親孝行、親孝行」て言いながら、当事者や奥さんの気持ちもわからないんだから。でも、勉強になったかもしれない。結婚相手は女心のわかる男の人じゃないとダメだってことを。

226

母親の得意料理を教えてもらう

今年25歳になる娘は、母親の私のことを小馬鹿にしている。「馬鹿」と口にはしない。でも、なんとなくわかるのだ。「母娘《おやこ》」だから。

私は、高校生の頃、荒れていた。よくない友達に誘われて、一緒にふざけてタバコを吸ってしまったのがきっかけだった。たった1度、初めてのこと。なのに、それが、担任の先生に見つかった。停学、1週間。自慢ではないけれど、うちは裕福な家庭で、中高一貫のお嬢さん学校に通っていた。それだけに、全校に「悪い評判」が広まってしまった。たった1回なのに……。私は、それまで品行方正な生徒で、1度の挫折も味わったことがなかった。それがいけなかった。心が弱く、よくない友達の誘いを断れず、どんどん坂道を転げ落ちてしまった。そして高校2年で中退した。

だから「中卒」なのだ。これは人生において大きなハンデだった。十分過ぎるほど「やりたいこと」の妨げになった。一番の「負」は、心の奥底にふくらんだ他人へのコンプレックスだった。その後、奇跡的に良い出逢いに恵まれて結婚。出産。

しかし、その後も、コンプレックスは解消しなかった。娘も、この話を知っている。私が話したのだ。「私みたいなことしちゃダメよ」という反面教師として。

トンビが鷹を生んだのか。それとも、夫のDNAのおかげか。娘は、もう中学校の頃から自立心が高く、なんでも自分でやってしまう。もちろん失敗も多いが、トライ&エラーを繰り返して成長した。高校1年で、オーストラリアへ1年留学。すべて自分で決めて自分で手続きをした。大学に入ると、NPOを設立。そこで出会った同級生のカレシと二十歳で結婚。さすがにこれには驚き、一悶着《ひともんちゃく》あったが両親にも周りにも祝福され結婚した。

その娘が、久し振りに実家に帰ってくるなり、甘えた声で言う。

「ねえねえ、お母さん。肉じゃがの作り方教えてよ」

「何よ、気持ち悪いこと言わないでよ。いつもみたいにネットで調べなさいよ」

娘は、なんでもできる。結婚前に「料理教えてあげようか」と言ったが、「いいわよ、料理教室に申し込んだし、ネットで検索したら作れるから」といなされた。

それなのに、今さらどうしたことか。

「あのね、一輝《かずき》さんがさ、『これ、オレのオフクロの味』って言って、いつも肉じゃがが自慢するのよ」

娘の旦那さんは、料理が上手い。それは母親から教わったものなのだと聞かされていた。

「悔しいじゃない。私にだって、オフクロの味があるんだもの……。でも、作り方知らないし。ねえねえ、教えてよ。お母さんの肉じゃがの作り方」

「うん、いいわよ」

私はなんだか、心が軽くなってウキウキした。

コンプレックスが、少しだけだけど消えたような気がした。

9月

新学期の始業式の夜遅くまで、夏休みの宿題を手伝ってくれたよね。
わたしは、泣きべそかいて、そばで見ていただけだった。

227 地震、洪水などに備え防災グッズを用意する

「やらなきゃ」と思ってもなかなかできないのが防災対策。思い切って。

228 防災ハザードマップを一緒に確認する

知ってますか？　ご両親の家の避難所も知っておかないと困りますよ。
「いざ」という時のために。

229 避難勧告がでたら、一緒に早めに避難する

ほんの1分の遅れが「命」を左右することになる場合もあるのです。

230 孫の運動会に招待する

孫が活躍しなくてもいいんです。負けたら励ますのも、ジジババの役目なんです。

231
十五夜の日にはお団子を持って会いに行く
ちょうど涼しくなった頃。

縁側で昔話をするのもよし。

団子より熱燗《あつかん》もよし。

232
秋の彼岸に墓参りに帰郷する
お盆とお正月は帰るけれど、
年にその2回きりという人が
多いらしいですね。

233
全国名湯巡りの入浴剤をプレゼントする
けっこう楽しいものですよ。

「今日は別府にしよう」

「今夜は草津に行くかな」なんて。

234
母と女同士の温泉旅行をする
もちろん、費用はお父さん、
旦那さんから出してもらいます。

235
旅行で宿に着いたら、「無事に着いた」と両親に報告する
これって案外大切なんです。
こちらが思うよりも、親って
心配しているものなんですよ。

236
御朱印帖をプレゼントする
京都西陣の金襴《きんらん》御朱印帖が人気。

豪華なものはご利益も多そう。

237

生んでくれて、ありがとう

今日は、母が入居している施設を訪ねる日だ。本当は、うちで一緒に暮らしたかった。でも、我が家の家業は居酒屋。バイト不足もあって、午後から深夜までほとんど時間が自由にならない。24時間、母に付き添ってあげられないのだ。

それでも、定休日の水曜日には、お店のとびきりの材料で作ったお惣菜を持って、母に会いに行く。

お店をしていると、お酒の入ったお客さんが、予期せぬトラブルを起こしてくれるので、悪い話に事欠かない。加えて、クレーム。さらには、旦那が「また腰やってまった〜」と、接骨院に駆け込むという日々。もう毎日が、戦争だ。

そんな中、今日は母に良い報告ができるのでウキウキしていた。

「ねえねえ、お母さん。ヒカルが学校の作文コンクールで入賞したのよ」

「そうかい、えらいねぇ。ヒカルちゃん」

「本当はさ、連れて来たかったんだけどさ、学校だからごめんね」

ヒカルは小学3年生男子。ヤンチャで手を焼いている。お店の片隅で夕食を食べ、そこで宿題もする。そのため、常連のお客さんにも可愛がられているのだが、いつも大人と接していることから、生意気で困る。

「目が悪くなって、ますます文字を読むのが辛《つら》くてさ、君子《きみこ》が読んでよ」

「うん」

私は、母に、息子の作文を読んで聞かせた。それは、おおよそ、こんな内容だ。

「ぼくのお母さんは、はたらいています。休んでいるのを見たことがありません。そのお母さんが、この前、かぜをひいてしまいました。お店に出られないので、お母さんのいとこのノブちゃんがおうえんに来てくれました。そして、お母さんにおかゆを作ってくれました。ミカンの缶詰も開けて出してくれました。その時、思い出しました。ぼくが、ようちえんのとき、足のほねをおって入院してたとき、お母さんはまいあさ、びょういんへおみまいに来てくれました。まいばん、ねるのは3

時くらいなのにです。そして毎日早く良くなるようにおまじないをしてくれました。そのおかげで足がなおって、また走れるようになりました。みんなと一緒にあそべるようになれました。そのとき思いました。それはお母さんのおかげです。お母さん、生んでくれて、ありがとう」

「君子、お前、いい子に育てたねぇ」

母は、涙して言ってくれた。私は、母のうるんだ目を見つめ、思い切って言ってみた。ちょっと、勇気を出して。

「お母さんも……。私を生んでくれて、ありがとう」

「いやだよ、照れるじゃないか」

238

カルチャーセンターの同じ講座に通う

買い物帰りに、「ちょっと付き合ってよ」と母に頼まれ、地元のテレビ局が運営するカルチャーセンターにやってきた。初めて訪れてびっくりした。なんと1000以上もの講座があるのだ。受講案内の冊子をもらい、そのまま二人で喫茶店に入った。「何か習いたいものがあるの？」と訊くと、「うん、俳句をね……」と言う。なんでも、最近、中高年に俳句がブームになっているのだという。

「お母さんさあ、そんなこと言って、またすぐにやめちゃうんでしょ。もったいない」

母は、どんなことにも好奇心が強い。「いいなぁ」と思ったら、すぐに始める。カメラ、フラダンス、パッチワーク、写経、お菓子作り、ヨガ……。でも、どれ1つ続いたものがない。中でもヨガなんて、3か月12回の申し込みをして、最初の1回でやめてしまったのだ。

「いやねぇ、あれはしょうがないでしょ。いきなり背中の筋を違えたんだから」

「わかった、じゃあ、この『お試し俳句セミナー』っていうのにしようよ」

「え？　どれどれ」

それは、2時間の1回だけの講座で、俳句の先生の「素晴らしい俳句の世界」という講演を1時間聞いた後、俳句作りを体験してみるというものだ。

「う～ん、そうねぇ。いいかも」

「でしょ」

「ねえねえ、サエちゃん、お願いがあるんだけど……」

「何？」

「一緒に申し込みしてくれない？」ということで、うっかり申し込むことになってしまった。でも、それは、すぐに後悔に変わった。俳句を始めたい人なんて、シニアに決まっている。案の定、会場に入ると、21名のうち若い人は自分だけ……。いや、もう一人、自分と同じ30歳くらいの女性と二人だけだった。なんだか、場違いなところへ来てしまった気分で、講演の最中から小さくなっていた。

さて、体験の時間が始まる前に、参加者全員が簡単に自己紹介することになった。別に、面接試験でもないのに、ドキドキする。もう一人の若い女性の順番になった。彼女はスクッと立ち上がると、言った。

「わたし、実は俳句なんてぜんぜん興味ないんです」

え⁉　会場に冷たい空気が流れた。

「隣にいるのが母です。ずっと前から俳句を習いたいって言ってて。でも、ほんと腰が重くて。だから今日、私が連れて来たんです。つまり、これ親孝行なんです。来週から始まる先生の連続講座も母と一緒に受講する予定です。そうしたら、飽きっぽい母も、途中でやめずに続けられるんじゃないかって思ってます。よろしくお願いします」

ほかの参加者から、「へ～」「ほう」という溜息に似た声と拍手が響き渡った。

239

母と餃子を一緒に作る

一緒に作るのが目的ではありません。
どうでもいいよもやま話が、お互いに楽しいのです。

240

父から仕事の自慢話を聞く

定年になったら、部下も居酒屋で話を聞いてはくれません。
あなたが部下の代わりです。

241

昔から父が夢だった書斎を、建て増しして作ってあげる

男のロマンなんです。わかってあげてください。
そうそう、お母さんには洋裁室を。

242

人気のデザイナーのファッションショーに母と出掛ける

非日常の別世界へトリップ！　二人して、嫌なことも忘れてしまいましょう!!

243

病院、レストラン、駅などの段差に注意する

老化は「足」にくるのです。
転んだら、そのまま寝たきりになる人もいます。

244

新聞配達店に、もしもの際の連絡先に、自分の電話番号を伝えておく

そういうサービスをしている新聞店さんがあります。一度、照会してみてください。

245

話題の映画を一緒に観に行く

付き合い始めて、半年くらいになる。カノジョはチェーン店のカフェの正社員だ。そのため、土日に休めることはほとんどない。オレの方も、カノジョのオフに合わせて有休を取るのは至難の業。ということで……デートはもっぱらウィークデーの夜ということになる。できるかぎり仕事を定時で切り上げて、いつもの待ち合わせのカフェ（カノジョのライバル店）へ走る。カノジョに聞く。

「ねえねえ、何観る？」

これは、けっこういつもの会話。二人とも、映画が好きなので、どの映画を観るかがもっとも重要な問題となる。

「そうねぇ、優ちゃん、ホラー苦手だもんね」

幼い頃、従姉に無理矢理お化け屋敷に連れて行かれて、おしっこをもらして以来、怖いものはダメなのだ。

「頼む。それだけは勘弁してくれぇ」

「じゃあさー、これは？」

「あ、これはダメ！」

「なんだよ、前に観たいって言ってなかった？」

「う、うん。そうだけど……」


なんだか怪しい。カノジョは時々、自分に都合の悪いことがあると、唇を軽く噛む。「嘘をついてる」というわけではないだろうが「隠しごと」があるのだと睨《にら》んでいる。かなり仲良くなってきたというのに、ちょっぴり不安だ。

「なんでだよ？」

「どうしても」

「ひょっとして、もう一人で観たとか」

「まだ観てない」

「じゃあ、誰かと一緒に行く約束してるとか」

即答で、「ううん、そんなことない」という返事を期待していた。ところが、黙って目を伏せる。え!?　……まさか、別の奴と行くのか？　え？　二股？　……まさか、まさか……俺はセカンドってことないよな。

「あのね……」

カノジョは言いにくそうに、ポツリと言った。

「お父さんと行くの」

「え？」

「うちのお父さんね、アン・ハサウェイの大ファンなの。『プラダを着た悪魔』を観てから、ずっと追いかけてるのよ。それで、一緒に観に行く約束してたてね。ほんとごめんなさい」

俺は思った。なんて親孝行な子なんだろう。

ますます好きになってしまった。

246

親の本を借りて読む

父は読書家だ。うちには、かなりたくさんの本がある。父には書斎がない。わたしが高校受験の勉強をする時、奪ってしまったからだ。そのため、父の大きな書棚が1つ、わたしの部屋の隅に置いてある。でも、それだけでは500冊ほどにしかならない。1万冊は超えるであろう蔵書はどこにあるのかというと……。リビングと納戸の壁は後から壁一面に造作した棚になっていて、びっしり本が埋まっている。廊下、階段の片側は、壁にもたれかけさせるようにして1メートルくらい積んである。脱衣所やトイレの上の棚もパンパンだ。

当然それは、夫婦げんかの原因となる。

「あなた、もういい加減にしてよね」

「ああ」

「ああ、じゃないわよ。工事ができないじゃないの。あなたがやらないんなら、会社行っている間に、全部古本屋に持って行きますからね」

「あ〜、それは止めてくれ〜。大事な本があるんだ。売っちゃったら2度と手に入らないし……。思い出深いのだってたくさん……」

同居する祖母の足腰が弱ってきたので、トイレや廊下、階段に手摺りを付けるリフォームを計画中なのだ。

「わかった、わかった。今度こそ整理するから……」

そう言い、父は頷《うなず》いた。でも、今まで見たことがないほど悲しげな顔付きだった。


それから1月ほどが経った日曜日。私は父の蔵書整理の手伝いをした。「処分してもいい本」を選び、それを段ボール箱に入れる。それらは、私の通う高校の図書室へ寄贈することになっている。もちろん私の提案だ。その話が決まった時、どれほど父が喜んだことか。

ああ、なんて私は親孝行なんだろう……と思いたいが、ダンボールに本を詰め込む物憂げな父の様子を見ていると、「これは親不孝をしているのかもしれない」と落ち込んでしまった。それでも作業は続く。おおかた片づけが終わるのに、丸1日掛かってしまった。

「ねえ、これ借りていい？」

私は、段ボール箱に詰めながら、脇によけた1冊の文庫本を手にして言った。

「おっ！　それに目を付けたか。さすがオレの娘だ」

石原慎太郎の『青春とはなんだ』。角川文庫。ボロボロで黄ばんでいる。なぜ、それを手にしたかと言うと、何度も読み返したと思われる父の愛着を感じたからだ。

「ああ、助かった！　それ処分したくないんだ。そっちへ紛れ込んでいたか。お前、それ興味あるのか？」

「うん、なんとなくタイトルに惹かれて……。読んだら感想言うね」

「あ、ああ」

父が微笑んだ。それは私が生まれてこのかた、記憶にないくらいトビキリの、ステキな微笑みだった。

247
俳句が趣味の母の俳句集を作ってあげる

ちょっとパソコンに詳しければ自分で作れちゃう。
近所の印刷屋さんに相談するのも1つ。

248
介護が必要な日のために、ヘルパーの資格を取っておく

訪れては欲しくないけれど、「その日」のために、
今から準備をしておく。自分のためにも。

249
子供の名前に、父の名前から一字もらう

親を思う気持ち。子を思う気持ち。
それが、1つの線になって繋がっていく。

250
いつか父を看取るため医者になる
医大生の志望動機は、
「両親や祖父母の病気を治したい」というのが多いそうです。

251
いつか母を介護するため、看護師になる
亡くなった母の代わりに、患者さんのお世話をするのが夢という
女性に会ったことがあります。

252
病気がちな母の体調を記録（体温、食事、症状）して医師に見せる
体調がすぐれない人には、記録することさえおっくうなものです。
でも、記録は治療に重要。

253

スマホの使い方を優しく教えてあげる

「ねえねえ、晴香。画面が暗くなったよー」

母の呼ぶ声がした。聞こえてはいるけど、聞こえないフリをした。

「ねえ、ねえったら〜。アッ！　変な画面になった〜。いやだ〜」

「うるさいなぁ」

わたしは、畳みかけの旦那のTシャツを、ポイッと投げ捨てて立ち上がった。

「どれよ！　貸してみなさいよ」

「そんなに怒らなくてもいいじゃない」

「怒ってなんかないわよ」

母は、頬をプクッと膨らませる。

「晴香がスマホに替えろ、替えろって言うから替えたのよ〜。わたしが、このままでいいーって言ったら、なんて言ったか覚えているの？」

確かに覚えている。

「使い方なら教えてあげるって」

「違う！」

「どこがよ！」

「晴香は、い・つ・で・も！　って言ったのよ。だから買い替えたんじゃない」

「ああ〜、うるさいなー」

「母親に向かって、うるさいって何よ！　もういいわ」

「ああ、ごめん、ごめん。わかった、わかった」

わたしは、まず謝ってから母の隣に座る。

「い〜い、よく見てね。画面が暗くて見えにくくなった時にはね、設定を押して、そうすると画面設定っていうのが出てくるから……」

「ちょっ、ちょっと待ってよ、今メモするから」

「ああ、いいから覚えて」

「ダメ、すぐ忘れるから」

母は、朝刊のチラシを切って作ったメモ用紙を取りに、食卓へ向かう。このところ、こんなことが毎日続いている。日に、7、8度も。いい加減にイライラしてケンカ寸前になるが、なんとかギリギリのところで耐えることができている。それはなぜか？

スマホの使い方を母に教えていて、ふと遠い記憶が蘇《よみがえ》ったからだ。幼い頃、わたしは勉強が苦手だった。どうしても、分数が理解できず落ちこぼれてしまった。その時、けっして怒ったりしないで根気よく、根気よく教えてくれたのが母だった。本当に感謝している。だから、気の短いわたしだが、グッと我慢するのだ。「恩返しの親孝行」と心の中で呟《つぶや》いて。

「ねえねえ、変な画面になっちゃった〜。戻してよ〜」

「どこよ……。ああ、これはね……。ここをこうして……」

254

同居をみんなで考える（するもしないも親孝行）

夕飯の片づけが終わったのを見計らって、俺はカミさんに言った。

「ちょっと相談があるんだ」

母親は、俺の故郷の長野に一人住まいだ。父親は早くに亡くなり、叔父や叔母など、近い親戚はみんな他界してしまった。今、母親を呼び寄せて同居を考えているところだ。

「この前の話ね？　私は、お義母《かあ》さんと暮らすのは問題ないわ。私も会社があるから、ずっと相手はしてあげられないけど……」

「けど、なんだよ」

カミさんは、何か言いたそうな顔をしている。

「あのね、あなた。ホントはね、私、お義母さんを呼ぶの反対なの」

「え!?　……今、同居していいって」

「そうよ、私はいいのよ。でもね、こういうことは本人の気持ちが一番大切だと思うの」

「オフクロの気持ちってか？　……オフクロはここへ来てもいいって言ってたぞ」

「本当にそうかしら」

「なんだよ」

「私ね、お義母さんと話したことがあるの。息子は……あなたのことね、息子は昔から優しい子なんだよって、とても自慢されてたわ。でも、思い込みが激しくて、良かれと思うと勝手にどんどん話を進めちゃう。後になって、相手の気持ちを知って反省することがしばしばなんだって。でも、それは息子の優しさからくるものだから、わかってあげてねって」

俺は少しムッとした。俺のいないところで、まさかカミさんと母親がそんな話をしていたとは。

「お義母さん、とても社交家でしょ。農協の婦人部の役員も長いことされてたし、趣味のサークルにもいくつも入ってらっしゃるみたいだし。向こうに友達が多いのよね」

「そうだな、俺より多いかも」

「ここへ引っ越して来るっていうことはね、その友達と会えなくなるってことなのよ」

「う、うん、そうだな」

「隣の岩崎さんち、立派な2世帯住宅に建て替えて、田舎のご両親を呼び寄せたのに、半年も経たないうちに田舎に帰っちゃったでしょ。その後、その田舎の老人ホームに入られたって言うじゃないの。そのホームには、昔からの友達が大勢いるからだって」

俺はカミさんの言うことが腹の底にストンと落ちた。

「う〜ん、親孝行っていうのも難しいなぁ」

「今度の日曜日、一緒にお義母さんに会いに行きましょ。それで本音の話をしてきましょうよ」

俺は思った。これだからカミさんに頭が上がらないのだと。

10月

リンゴ狩り、ブドウ狩り、ナシ狩り……。いつも食べすぎてお腹をこわしてしまった。

　あんまり「痛い、痛い」って泣くものだから、お父さんは真夜中に救急病院まで負《お》ぶって連れて行ってくれたよね。

255
秋といえば温泉。その温泉で父母の背中を流してあげる

寂しいけれど、きっと親の背中が小さくなっていることに気付くでしょう。

256
ハロウィンを一緒に楽しむ

「あんな西洋のお祭り」って言っていたのに、けっこう仮装に力が入るかも。

257
食欲の秋、父の好きなたい焼きを買う

気の短いお父さんは、何度も並ぼうとして、あきらめたに違いないのです。

258
母の料理に「美味しい」を口癖のように言う

「美味しいねぇ」と言うのは、エチケットです。いいえ、義務です。

259
父の好きな栗きんとんを持って行く
父「おお、今年ももうそんな季節になったんだな」。
母「お茶でも入れましょうねぇ」。

260
父の得意なゴルフコースを一緒に回る
成人したら、息子と酒を酌み交わすという夢。
ゴルフクラブでならもっと嬉しい。

261
両親の旅行中、植木鉢の世話をする
庭の花の世話があるから、旅行に出掛けられないという人も多いんです。

262
「犬の世話は私がするわ」と言い、旅行に行ってもらう
頼まれる前に、こちらから「任せて」と言うことが大切です。

263
たまには早く帰って、母と一緒に夕飯の支度をする
独身のあなた。残業や付き合いばかりで、お母さんを下宿屋のおばさん扱いにしてませんか？

264
両親の「行きたいところ」の旅の計画を立てる
旅って、計画を立てている時が一番楽しいんです。

265

「幸せだなぁ」と
いつも口にする

私は、時々、実家の母を訪ねる。

6年ほど前に父を亡くし、それから一人暮らしをしている。

父の最後は、壮絶だった。長く肺を患っていたので、息が苦しいのだ。ぎりぎりまで訪問介護を受け、自宅で療養していた。1日の大半、酸素吸入器を使用して過ごしていた。

ところが、どうしてもタバコがやめられない。母に隠れて吸ってしまうのだ。それで、ますます悪化した。そして……入院。母は、父がベッドの上で、顔をゆがめて苦しむ姿を見続けた。「苦しい」と悶《もだ》え叫ぶ。「あの時は、ホント辛《つら》かった」と、何度も言う。

葬儀が終わった後、母はぼんやりするようになった。それに早くから気付いた私は、同居を勧めた。

「勇司さんが一緒に暮らさないかって、言ってくれてるの」

でも、母は、父との思い出の家を離れたくないと言う。

二人して、縁側に座る。

お盆には、ほうじ茶と漬物。それに、隣の家の加藤さんからいただいた北海道のお土産《みやげ》のクッキー。どこからか、キンモクセイの匂いが風に乗ってやってきた。穏やかな日差しを二人で浴び、ほっこりした気持ちになった。

「いい匂い。秋ねぇ、お母さん。……ああ、なんか幸せだなぁ」

「幸せだなぁ」は、母の口癖、専売特許だった。喫茶店に入ってコーヒーを飲んでも、お雑煮を食べても、面白いテレビを観ても、いつも「幸せだなぁ」を連発していた。ところが、父が亡くなってから、この言葉が消えた。おそらく、おそらく……そんなことを口にしたら、苦しんであの世に逝ってしまった父に対して、申し訳ないと思っているに違いない。で、私も「幸せ」という言葉を、母の前で言うのを封印していた。

でも、今日、無意識に出てしまったのだ。

母が答えるように言った。

「幸せだねぇ」

「うん、幸せねぇ」

「私ね……」

「何、お母さん？」

「あなたが、幸せって言ってくれるのが一番嬉しいわ。ホッとするというか、一番の親孝行よ。それがこのところ、さっぱり『幸せ』って口にしないから心配してたの」

「え？　そうだったかしら」

私は、心の中で苦笑いをした。そして、もう一度、大きく吐き出すように言った。

「ああ、幸せ」

266

親の代わりに町内会の役員をする

午前5時10分。目覚ましで飛び起きる。いつもなら、まだまどろみの中にいる時間だが、エイッと布団を跳ね上げた。サッと着替え、車に乗り込む。高速はガラガラだ。

オレは、この半年、ほぼ毎週土曜日に田舎に帰っている。町内のお祭りの準備のためだ。小高い山の上にある鎮守の神様のお祭りで、荘厳《そうごん》な山車《だし》は県の文化財にも指定されている。

「村」の人たちは（合併するまで村だったので、今でも地域の人たちはそう呼ぶ）、毎年秋に開催するお祭りに命を懸けているといってもいい。神社に奉納する大しめ縄作りや山車の組み立て、さらには自前の花火の制作などに熱中する。

3月の終わり、雪が解けるのを合図に、本殿の大掃除をするところから、半年にわたって祭りの準備が始まる。

オレが残業をして遅くに帰ると、叔父貴から電話があった。

「遅くに悪い」

「なんだい、叔父さん」

「あんたのオヤジさん、ぎっくり腰になっちまって」

「病院へは？」

「もちろん。しばらく家で安静だ。でも、神社の掃除に出掛けるって言って聞かないんだ。うんうん、悲鳴あげて玄関で動けなくなったところを、ワシが見つけて布団まで運んだんだ。神聖なお祭りの初めに神社を清める行事だから、どうしても行くって……。とりあえず、お前の母さんが見張ってる」

「わかった。明日はオレ休みだ。行くよ」


オレは、付き合いのゴルフをキャンセルして出掛けた。オヤジは、息子に世話を掛けたと言うことで、最初は苦虫を噛むような顔をして不機嫌そうだった。それが、毎週、毎週、オレが田舎に通うようになり、態度が変わってきた。オフクロがこっそりと、そのわけを教えてくれた。

「お父さんね、村のみんなに言われたのよ。親孝行な息子持ってええな〜とか。うちの息子は、本番の祭りにさえ、もう何年も帰って来んとか。あんた、この村で評判の孝行息子になっとるよ」

オレは恥ずかしかった。50歳近くになるまで、何1つ親孝行と呼べるようなことをしてこなかったからだ。

でも、村に残って、農業を継いでいる幼馴染みの連中にはボヤかれた。

「なんでお前が親孝行なんだよ。30年も村のこと、父ちゃん、母ちゃんのこと、ほおっておいて。ちょっと祭りの手伝いしたら親孝行かよ。オレたちなんか、ずっとこの村に住んで農家継いだのに、一度も褒められたことないぞ！」

オレは、返す言葉もなく小さくなった。

267

母親の愚痴に付き合う

恵は、時々パートを休んで、母親と温泉に出掛ける。といっても、車で小1時間ほどのところにある温泉旅館への日帰り入浴だ。朝、11時くらいに着いて、ちょっとしたお弁当を食べた後、お風呂へ。夕方には帰れるので、家事に支障はない。ところが、今回は、小3の息子のクラスがインフルエンザで学級閉鎖になってしまった。中止しようと思ったら、母親に「一緒に連れて行けば」と言われ、そうすることにした。

息子は自慢ではないが、出来がいい。幼稚園の頃から、デパートへ行っても「買って〜」などとダダをこねたことは1度もない。口うるさく言わなくても勉強するし、忘れ物もしない。でも、少々大人びていて小生意気なところがある。今日も、「いいよ、ゲームやってるし。大人は大人、子供は子供で楽しんでるから」と言う。

風呂上りにいつものように、広間のテーブルでオレンジジュースをビンから注いで乾杯した。息子は、広間で大型画面のテレビを見ている。

「ねえねえ、聞いてよ」

「またお父さんのこと？」

「そうなのよ。この前もね『おい、目覚まし時計が止まった』って言うの。『あら、そう』って言ったら、『電池』って言うから、わかってても頭にきて『電池がどうしたんですか？』って言ってやったのよ」

「それで？」

「そしたらね、『いつものところにない』って言うから『そう』って。頭に来ちゃう。『今、欲しい』って。『なんで』って聞いたら、『今から昼寝する。あまり寝すぎると夜中に目が覚めるから目覚まし掛けるんだ』って。あたし、仕方なくて、コンビニに買いに走ったわ」

「バカねェ、お母さん。自分で行かせればいいじゃない」

「それができたら、もうそうしてるわよ」

それでも恋愛結婚、相思相愛なのだ。そんなバカげた話を2時間も聞かされ、温泉に来たのに疲れてしまった。でも、「そのため」に来ているのだから仕方がない。そろそろ帰り支度をしようかと、息子を呼びに行った。すると、

「お母さんたち、よくおしゃべりが続くよね」

と感心した顔つきで言う。

「何言ってんの、これは親孝行なのよ。お爺ちゃんと二人暮らしで、お婆ちゃんストレスが溜まってるの。だからこうして、たまにガス抜きに付き合ってあげてるの。い〜い、おしゃべりじゃないの。話を聞いてあげてるだけなのよ」

離れてはいるが、万一にも母親には聞こえないように小声で言った。すると、

「ふ〜ん、そうか。じゃあ僕が大人になったら、お母さんの愚痴聞いてあげるからね！」

……何という親孝行な。私は言葉を失った。

268

家の中で、一番に日当たりの良い部屋に住んでもらう

お日さまの光で目覚めて、鳥の声を聴く。そんな贅沢を父・母に味わってもらいたい。

269

昔、母が可愛がっていた愛犬と似た犬を探してくる

ペットを飼うと、世話をしなくてはならない。それが自然に心を元気にしてくれる。

270

思い出のカセットやビデオをＣＤ、ＤＶＤにダビングして観られる（聴ける）ようにする

押入れの奥に、たくさん眠っていませんか？
テープは伸びて観られなくなっていませんか？

271

父の万年筆を譲ってもらい大切に使う

新しいものを買うのではなく、ずっと使っていたものだから、心が繋《つな》がるのですね。

272

母とお揃いのエプロンを作って料理する

恋人同士のペアルックみたいで、恥ずかしい？
誰も見ていないから、恥ずかしくないでしょ。

273

嫁ぐ時、母の鍋を1つ譲り受ける

母に一番の得意料理を習う。夫に作る料理は、母から引き継いだ味。
どうか気に入ってもらえますように。

274

一緒に花や野菜を育てる

田舎から母を呼び寄せた。夫はとっても理解があり、なんと玄関から水回り、階段まで高齢者向けにリフォームしてくれたのだ。

「俺はさ、ガキの頃にオフクロ亡くしちゃったからな。親孝行したくてもできないんだよ。お前のオフクロさんも、俺のことヤッチャン、ヤッチャンて可愛がってくれるしさ」

荷物を運び込んで片づけた晩、二人の娘と、近くに住むわたしの妹夫婦も参加して、大宴会を催した。

「ほんと、わたしは幸せだよ」

母は、何度も何度も繰り返した。

ところがだ。3日もすると、元気がなくなった。1週間後には、「食欲がない」と言い出し心配になった。「どっか具合が悪いの？」と尋ねると、「なんも悪くない」と言う。「でも……」と言いかけると自分の部屋にこもってしまう。何かがあるのだ。何か……。そんな心配をしていたら、自分も体調が悪くなってしまった。胃がムカムカする。こういうものは、連鎖するらしい。夫も、心配し出した。

そして母が来てから10日が経った。夕飯の後、夫が尋ねた。

「お義母《かあ》さん、何か我慢してることがあるんじゃないですか？」

「……」

「なんでも言って下さいね。もし僕に遠慮してるなら……」

母は、夫、そしてわたし、さらに二人の娘の顔を見回して言った。

「田舎の時みたいに、野菜を庭で作りたいんだよ」

「え?!　野菜」

「お父さんの仏壇にお供えするお花もね。菊とか百日草とか葉鶏頭《はげいとう》とか」

「なんだ〜、そんなことか。作ったらいいじゃないですか」

「だって、このへんはオシャレな家ばっかりで、庭で野菜なんかどこも作ってないし。花だって、バラとか見たことないオシャレな……」

「よし！　お義母さん、一緒に作りましょう！　今度の土曜日、ホームセンターに行きましょうよ。どうだ、凛《りん》と陽奈《ひな》は都合どうだ？」

「わたしは空いてるよ」

「うん、夜、塾があるけど昼間は大丈夫」

それから半年。小さな庭ではあるが、たくさんの種類の野菜が実り始めた。

「ありがとう、あなたのおかげで、お母さんすっかり顔色が良くなったわ」

旦那が笑って言った。

「お前もな」

275

子犬をプレゼントする

「真ちゃん、なんとかしなさいよ」

「え？　姉貴がなんとかしろよ」

「うちは受験生二人抱えて大変なのよ」

「うちだって……」

「何!?」

「いや……別に」

言い返したかったが、やめておいた。うちにだって事情はある。口数の多い姉にかなうはずもないのだ。

この春、父が亡くなった。長い闘病生活で、母も看病に疲れていた。母の方が倒れて、先に逝ってしまうのではないかと、姉も僕も心配していた。

父を送り、その後にもっと大きな問題がやってきた。母が魂が抜けたかのように元気がなくなってしまったのだ。無理やり病院に連れて行ったが、「うつ」ではないらしい。でも、元気がない。父のことを思い出し、1日に何度も泣いてしまう。

会社の同僚がアドバイスしてくれた。

「うちのオフクロも同じだったよ。うちの場合は立派な『うつ』って診断されたから、もっとひどかったけどな」

「それでどうしたんだよ」

「薬の治療もしたんだけど、猫が効き目があったんだ」

「猫？　なんじゃそれ」

「一緒にモールに出掛けた時、通りすがりのペットショップで、突然『猫が欲しい』って言い出したんだ。それで、子猫を飼い始めてな。そしたら、みるみる回復したんだよ」

「へ〜」


母は猫が苦手だった。ということで、僕はペットショップで子犬を買って実家へ行った。雑種だが、秋田犬の血が濃いらしくて愛くるしい顔をしている。

子犬を見るなり母が言った。

「そんなの飼わない」

でも、無理に押し付けるように置いて、帰って来てしまった。少し心配ではあったが、心優しい母のことだ。放置したり、まさか捨てたりはしないだろうと。

そして次の土曜日、再び様子を見に行った。玄関の呼び鈴を鳴らすが返事がない。む？　何か庭で声がする。ぐるりと裏庭の出入り口に回った。

「コラコラ！　ケンタロー！　ダメねぇ、この子は〜。ちゃんとしなさい」

母が犬に向かって怒鳴って、ペシッと軽く頭を小突いた。とりあえずは元気そうでホッとした。ただ、犬の名前が父の賢太郎と同じであることに苦笑いしたが。

11月

志望校を決める時、お父さん、メチャメチャ嬉しそうな顔してくれた。
「お父さんと同じ大学を受けることにしたよ」って言っただけなのに。

276
風邪をひいた母に、リンゴをすり下ろしてあげる

幼い頃やってもらったことを、今度は自分がしてあげる。あの気持ちが嬉しかったから。

277
電話で咳をしていたら、のど飴やはちみつを持って飛んでいく

そんな些細なことでいいんです。

278
電気毛布をプレゼントする

一度使うと、もうやめられません。布団に入るのが毎晩、楽しみになります

279
毎晩、父母の湯たんぽの支度係になる

湯たんぽには、電気あんかや電気毛布とかとは違う、口では言えない温もりがあります。

280
大奮発して、高級羽毛布団を買ってあげる
欲しくても、自分ではとても買う気にならないものです。だからこそ。

281
風邪をひいたら、葛湯を作って一緒に飲む
フーフーして冷ましながら、スプーンで一口ずつゆっくり。

282
車で駅まで送る時、暖房をつけて車内を暖かくしておく
こういう気遣いは嬉しいものです。してもらったら嬉しいことをするのが親孝行。

283
肺炎球菌感染症の予防接種を勧める
まずは、かかりつけのお医者さんで相談してみてください。自治体で接種制度があるところもあります。

284
外で働く父のため大量に使い捨てカイロの買い置きをしておく
たくさんストックがあると思うと、ケチケチしないで使いやすくなるものです。

285
紅葉狩りに一緒に行く
朝晩の冷え込みもドライブなら出掛けやすいですよね。

286

手を握る、手をさする

母に認知症の症状が現れたのは、もう5年も前のことだった。母と妹と私の三人で、久し振りにホテルへランチを食べに行った帰り道。

「どこへ連れて行ってくれるの？」

母が真顔で私に尋ねた。

「どこって、どこかに寄りたい？」

「ねえねえ、アキ姉ちゃん、お母さんと三人で映画でも観ようか？」

妹が答える。

急いで帰る必要もない。たまには母と映画もいいかな、と思った。ところが……。

「あんたたち、何言ってるの？　これからホテルでご馳走《ちそう》してくれるって言ったじゃない。せっかく楽しみにして来たのに」

「え!?」

私も妹も言葉を失った。その後、ゆっくりと症状が悪化。とうとう一人暮らしができなくなった。かと言って、私も妹も母を家に連れて来るわけにもいかない。2

人とも、夫の老いた両親と同居しており、時間も体力も、そして精神的にも精一杯なのだ。相談して駆けずり回り、介護老人保健施設に入居することが決まった。

本当は毎日でも会いに行きたいのだが、月に2、3度が限界。妹と交互に施設を訪ねる。何よりも辛《つら》いのは、私たちのことを忘れてしまったことだ。顔も名前も……。愕然《がくぜん》とした。その晩、ショックで泣き明かした。

次に辛《つら》いこと。それは、何もしてあげられないことだ。身の回りの世話は、介護士さんがやってくれる。オムツの交換、食事、清掃……。時々熱が出ると、私も妹もオロオロするばかり。でも、ちゃんと看護師さんとお医者さんが連携を取って万全を尽くしてくれる。安心だが、何もできないことが淋しくもある。

1週間ぶり。母の部屋に来るとスヤスヤと眠っていた。何か夢を見ているのだろうか。うんうん唸《うな》っている。心配になって母の手を握る。皺《しわ》くちゃだけど、温かい。ふと、思い出した。幼い頃、手を繋いで近くの公園に連れて行ってくれたことを。私は淋しがり屋。いつも母と手を繋いでいたくて、ちょっとその手が離れるだけで泣き出してしまった。

少し強く、母の手を握った。そして、手の甲をさすった。今度は手のひらをさする。何もできない。今はこれしかできない。ただ、30分、1時間とさすり続けた。

「うう……」

「お母さん……、目が覚めた？」

蚊の鳴くような声で、

「……あら、アキ。何してるの？　ここで」

「え⁉」

（今、今、アキって呼んでくれたの？）

一瞬戸惑い、手をギュッと握って呼び掛けた。

「お母さん」

「アキ、またご飯食べに連れてってね」

私はうつむき、顔が見えないようにして泣いた。肩を小刻みに揺らしながら。

287

ささいな症状や検診でも、通院に付き添う

「いいよ、一人で行けるから」

「一緒に行くよ」

「だって、仕事忙しいんでしょ。そんな時に、わざわざ有休取るなんて」

「いいんだよ、母さん。どうせ有休たくさん余ってるんだから」

今日は、オフクロの通院日だ。今まで、いろんな病気にかかり2度も入院したことがある。でも、いまは寛解《かんかい》して普通の生活ができている。ただ、月に1度の検査が欠かせない。

オレは、両親に心配ばかり掛けてきた。

中学2年の夏休み。ちょっと悪い友達に誘われてタバコを吸った。なんだか、急に大人になったみたいで、強くなれた気がした。小学生の時は、イジメに遭《あ》っていたことがあった。そのため、中学に入ってからは息をひそめて生きていた。だから、「悪いやつら」であっても、仲間ができたことが嬉しかったのだ。

でも、そこからオレはダメ人間になっていく。飲酒、カツアゲ、暴力……。ほとんど学校へも行かなくなる。そして最後は補導。警察に引き取りに来たオヤジに殴られた。でも、まだ目が覚めない。そのオヤジが、病気で倒れた。何をしても、温かくかばってくれたオフクロが、泣いて言った。

「お前が心配で心配で、お父さんは病気になったのよ！　この親不孝者‼」

そのひと言で、オレは改心した。仲間から抜けるのはたいへんだったが、学校へだけは行くようになった。

その後の人生はというと……。「とにかく親に心配は掛けない」ということだけ考えて生きてきた。高校で、また悪い連中にそそのかされても乗ることはなかった。そして、担任の先生が世話をしてくれた小さな運送会社に就職。給料はすこぶる安かったが、逃げ出すことはしなかった。ここで辞めたら「親不孝者」だと思ったからだ。

そんなある日、オレは気分が悪くなった。だんだんとひどくなり、運転ができないほどになった。休憩室で横になっていたが、ついには吐いてしまい、猛烈な頭痛に襲われた。社長と先輩がかついで病院に連れて行ってくれた。すぐさま、様々な検査を受けた。その間も、吐き気が止まらない。検査結果を聞くため、狭い待合室の長椅子で横になっている間、看護師さんの声が漏れ聞こえてきた。

「脳の出血かもしれへんね」

それを聞いて、オレは愕然《がくぜん》とした。このまま死ぬんだろうか。親孝行1つできないまま、オレは死ぬんだ。検査結果がわかるまでの時間が、長く長く感じられた。

……でも、それは思い過ごしだった。診断は、疲労による胃腸障害。ほっとしたら、気分まで良くなった。

オレは、その時、思った。オフクロは、きっと毎月、先生から検査結果を聞くまで、どんなに不安なことだろうと。もし再発したらと、心配でたまらないに違いない。だから、オレは決めた。これからオフクロが病院に行く時には、ささいな症状や検診でも、必ず付き添ってやろうと。

288

両親の結婚記念日に電報を打つ

いまどき何？　と思う人もいるでしょう。
昭和？　レトロ？　でもサプライズには一番！

289

母の服の買物に付き合い選んであげる

服って迷うんですよね。よほど思い切らないと買えないものです。
帰りにランチもいかが？

290

父（母）に、第二の心臓と言われるふくらはぎをマッサージする

指圧となると、ツボを知らないとできません。
でも、ふくらはぎなら誰でも揉めます。

291

結婚式の前日、テレビドラマのように正座して両親に「お世話になりました」と挨拶する

きっと、お父さんは逃げ出すでしょうね。
いや、待ち望んでいるかもしれませんよ。

292

父の苦労話、自慢話を聞く

聞いて欲しいに決まっているのです。
なのに、誰も聞いてくれない。だから寡黙なんですよ。

293

読書がしにくくなった親に名作の朗読CDをプレゼントする

あれほど読書が大好きだったのに、最近、本を読まなくなったと思いませんか？
心当たりがあったなら……。携帯のアプリもあります。

294

症状が苦しくて怒鳴られても、
穏やかに接する

母ががんになった。でも、高齢だと進行が遅いらしく、いたって元気。父は、「大丈夫か、大丈夫か？」と、母の後ろをおろおろして付いて回った。二人の姉は、「何か欲しいものある？」「病院付き添おうか？」と入れ替わり立ち替わり、メロンやサクランボを手土産に、しょっちゅう実家を訪ねてくる。

養子に入って同居してくれている私の夫にいたっては、「お義母《かあ》さん、お願いだから安静にしてて下さいよ」と、母がコンビニに出掛けようとするだけで引き止めようとする。対して母は、「私は大丈夫よ！　来週も友達と温泉に行ってくるわ」などと、普段以上に元気に暮らしていた。

もともと、性格が太陽みたいに明るい。中1になった息子が、「きっと、お婆ちゃん、がんも逃げ出しちゃったんだよ」と言うのを、信じたくなるほどだった。

ところが、ある日を境に、母は顔をゆがめるようになった。がんが神経を圧迫して、不定期に痛みが襲うようになったのだ。

「痛い〜、痛い！」

私は、夜中に飛び起き鎮痛剤を飲ませる。効き目が出るまで15分から20分。その間、そばに付き添って背中をさする。

「そこじゃない」

「ごめん、ごめん……。ここ？」

「違う、違う！　どこさすってるの。あんたは昔っから見当違いのことばかりして！」

「そんなこと言っても……」

「もういい、あっち行って！」

と布団をかぶる。言われるまま、立ち去ろうとすると、

「ああ〜、痛い、痛い！　なんとかして〜」

また駆け寄って、背中をさする。

「大丈夫？　お母さん、お母さん……。どこが痛いの？」

「どこって、そんなことわからんの！　あんたは冷たい〜」

もうムチャクチャだ。


そんな日々が始まり、もう3か月。私は看病で昼夜が逆転し、フラフラだった。実の母親に罵倒《ばとう》されるのは、精神的に耐えられない。私は人がいないところで、哀しくて哀しくて、涙を流すことが多くなった。ところが、不思議なことが1つ。母が怒鳴り散らす相手は、私だけなのだ。みんなの前では、痛みがあっても黙って耐えようとする。私は、一番上の姉に言われた。

「三人姉妹の中で、お母さんはあんたのこと、一番可愛がってたからねぇ。だから、あんたにだけ甘えるんだわ。辛《つら》いだろうけど、我慢してね。親孝行だと思って」

母の罵詈雑言《ばりぞうごん》を、四六時中受け止める。そんな親孝行は嫌だ。

でも、でも、言い返すことなく、穏やかに、穏やかに看病してあげよう。これが最後の親孝行になるのだから。

295

ベッドの隣で眠る

2年前のこと。母が脳梗塞《のうこうそく》で倒れた。意識がなかったので、私は「もうダメだ」と思った。ところが、点滴を打つとすぐに意識が戻った。時計も読める、計算もできる。記憶には支障がないことがわかったが、左半身が不自由になった。

でも、努力家の母はリハビリに励み、杖をついてなら一人で歩けるようになった。ある日のこと。「散歩に行って来るよ」と言うので、妻が、「お義母《かあ》さん、洗濯物取り込むから待ってて、付き添うから」と言うのも聞かず、一人で出掛けてしまった。それに気付いて追いかけた。すると……目の前の路上に母が倒れていた。猛スピードで角を曲がってきた自転車と接触したらしい。大腿骨を骨折。そして母は、寝たきりになった。

妻は、「私のせいだ」と自分を責めた。そして、「私が看病する」と言い、24時間世話をしてくれた。だが、それも長く続くと疲弊《ひへい》する。心も身体も。私は、会社を早期退職し、契約社員になった。責任が軽くなり、休みやすくなるからだ。昼間は、妻が。そして夜は私が、母に付き添うというルールを作った。世間の人は、「大変ですねぇ」「お辛《つら》いでしょ」と同情してくれる。確かにしんどい。でも、ものは考えよう。実は私は、毎晩、母の隣で寝るのが楽しみで仕方がないのだ。


「ねえねえ、今日は何にする？」

「そうだなぁ、なんて言ったけ？　『春は名のみの〜風の便りよ〜』」

母が笑って言う。

「違う違う。『春は名のみの〜風の寒さよ〜』、よ。『早春賦《そうしゅんふ》』」

母は昔唄った歌を実によく覚えている。なんでも合唱部だったらしい。私は隣でハミングすることが多い。それでも、母子のデュエットだ。

老いていく母の姿を見るのは辛《つら》い。毎晩、悲しくなる。だめだ、涙があふれてきた。

「どうしたの、健一。なんで泣いてるんだい？　何か仕事で嫌なことでもあるのかい」

自分がこんな不自由な身体になってしまったというのに、私のことを心配してくれるなんて。

「大丈夫だよ」

そう言い、ふたたび一緒に歌い始める。やがて、知らぬ間に母が寝入る。私も安心して眠る。２時間も経たないうちに、「う～ん」という声で目が覚める。

「どうした？」

「え？　……ああ夢見てたみたい。健一が小さい頃の夢」

「なんだ、よかった。昔、俺を寝かせるために、毎日のように昔噺《ばなし》をしてくれたよな」

「そうだったわね、あなた甘えん坊で」

「アイツに言うなよ、恥ずかしい……」

「もうずいぶん前に話したわよ、オネショのこととか」

「え？　勘弁してくれよ～」

「かちかち山の話、してあげようか？」

「え⁈　……う、うん」

「むかし、むかしあるところに……」

噺の途中、母はまた眠ってしまった。何かいい夢を見ているのか、笑っている。

これが今の私にできる、精一杯の親孝行。

12月

兄貴が言ってたなぁ。「最近、オフクロ物忘れがひどくてな」って。まさか俺のこと、忘れたってことはないよな。あ！　もうすぐ駅だ。お土産《みやげ》喜んでくれるかなぁ。

296
普段、掃除をしない台所やお風呂の換気扇を洗ってあげる

自分の家の換気扇だって、掃除したのはいつのことやら。でも、実家を先に。

297
リウマチの父のミカンを剥《む》いてあげる

痛みは他人には理解できないものです。頼まれる前に先回り。

298
宝くじをプレゼント。みんなで当選発表の日までわくわくする

当たったら、何を買うか。それを話し合うだけで楽しいものです。

299
年賀状のデザインをパソコンで作ってあげる

間違いなく尊敬されちゃう！　え!?　お父さんの方がパソコンに詳しいって？

300
真剣に両親へのクリスマスプレゼントを選ぶ

「選ぶ」ということは、相手のことをよく知らないとできないんです。

301
毎朝、毎晩、「元気？」とひと言メールする

その1本のメールが、どれほど心を温かくすることか。

302
歯の悪い母に、おせちの昆布巻きを圧力鍋で煮てあげる

圧力鍋の威力ってすごいですよね。タコでもやわらかくなってしまう。

303
大みそかに特上のすき焼き肉を持って実家へ帰る

お父さんもお母さんも待ってますよ。1年に1度の贅沢しましょ！

304
紅白歌合戦を「この人誰？」「この歌手好き」と言いながら一緒に観る

知らないグループでも、知らない歌でも、テレビの前でワイワイ過ごす幸せ。

305
一緒に年末年始を過ごす

本来は「一緒にいる」というのが家族なんです。

306

居酒屋で酒を酌《く》み交わす

土曜日の夜、娘がカレシを連れて来たので、三人で居酒屋へ出掛けた。

いや、正確に言うと、先週から「婚約者」になった。世間的には父親として「拒絶」したくなるところなのだろうが、娘には出来過ぎの男だ。ちょっと今どきの若者とは違い、なんだか妙に年寄り臭いところがある。落語に出てくる博識のご隠居さんのような。

「すまんなぁ、こんな娘で」

「いえいえ、お父さん。そっとしておいてあげましょう」

「しかし、酔っぱらって……、こんなふうになってしまって……」

娘はテーブルに突っ伏して眠っている。それも、さっきから、「女で悪かったなぁ～」「どうせ女ですょ」などと、寝言を繰り返し呟《つぶや》いている。

「マキさんは、職場で辛《つら》い目に遭ってきたんです。まだまだ女性が冷遇される中で、人一倍成績あげて頑張って係長に昇進したんです。そっとしておいてあげましょう」

「……そうなのか」

知らなかった。娘が仕事人間であることは、一緒に暮らしていてわかっていた。毎晩、帰りは私よりも遅いし、休日も何やら仕事関係の資料を見ていることが多い。

「義雄クンがいつも聞いてやってくれているのか？」

「聞くだけですよ、ただ。何か言ったって、言うこと聞きませんからね。でも、時々、ガス抜きさせてあげないと、心が参っちゃいますからね」

「迷惑掛けるなぁ、この親不孝者め。まったくひどい娘だ」

「いいえ、親孝行ですよ、マキさんは」

「いや、こんな体《てい》たらくで情けない」


「ずっとお父さんに話そうと思っていたんですが、いい機会だから……」

「む？　……なんだね？」

急に、娘の婚約者は背筋を伸ばした。

「マキさんと付き合い始めた頃、こう訊《き》かれたんです。『お酒飲める？』って。僕は家系なのか相当強いんです。日本酒五合くらいなら平然としていられます」

「おお、そう言えば今日も相当飲んでるのに」

「マキさん、こう言うんです。『私は男の子じゃないから、お父さん淋しがってるの。亡くなったお母さんから聞いたことがあるの。もし、男の子だったら、毎晩一緒に居酒屋で飲み明かせるのになぁ』って。でも、私お酒弱いし。だから、お父さんとお酒に付き合ってくれる人と結婚したいの。どう?』って。そのひと言で決めたんです。この子と、ちゃんと結婚を考えて付き合おうって。だって、そんな親孝行な女の子、今どきなかなかお目にかかれませんから」

私は、娘の寝顔を見ながら、あふれる涙が止まらなかった。

307

年末に実家の大掃除を手伝いに行く

このところ、ぼんやりと考えている。

父親は喜寿《きじゅ》を迎えた。2、3度病気をして入院経験がある。今はなんともないが、予期せぬことが起きないとも限らない。「孝行をしたい時に親はなし」という。

カミさんは、年に何度か「親孝行してくるからよろしくね」と言い、大分の実家へ帰る。向こうで両親と温泉に入って美味しい物を食べてくるのだという。

オレもそろそろ何かしなくちゃ……、と思うこの頃なのだ。

うちの父親は、尊敬に値する人間だ。会社員のうちから、マンションの組合の役員やPTAの役員をやっていた。さらに定年退職してからは、一層拍車が掛かった。公園の清掃活動や小学生の通学の「見守り隊」の隊長、そして消防団長も務めている。

あまり父親が優秀だと、息子の至らなさが際立つ。この前のお盆、会社帰りに実家に立ち寄った時のことだ。幼い頃から顔を見知っている、近所のお婆さんに声を掛けられた。

「お父さんは本当にエライねぇ。みんなが言ってるよ」

「は、はあ。どういたしまして」

「哲ちゃんも、何かボランティアやってるんだろ？」

「い、いや……、僕は別に」

「そんな〜、謙遜して」

いや、謙遜ではない。仕事に追われて、と言えば言い訳になるが、世のため人のため、という意識が乏しいのだ。

「でもね、お母さんが嘆いてたわよ。うちの人、外面ばっかり良くて、家の中じゃいっさい家事を手伝ってくれないって」

そういえば、父親の書斎はぐちゃぐちゃ。本や趣味の模型の部品が散らばっている。

「まあね、だからお父さんはエライんだよ。自分のことより、人のことやるなんてね。できることじゃないよ。みんなが尊敬してる」

その時、俺はピーンとひらめいた。明日から12月。年末の大掃除の手伝いに行ってやろうと。

その話をすると、中2の息子が「オレも行こうか」と言い出した。「お前、掃除好きだっけ」と訊《き》くと、「嫌いじゃないよ、爺ちゃん婆ちゃんが喜ぶなら」と。なんという孝行息子だろう。俺とは大違いである。

ということで、今日は朝から1日、実家の大掃除だった。さすがに大人数だと早い。もう4時には目処が着いてしまった。親父が、息子に声を掛けた。

「おい、拓くん。これご褒美《ほうび》だ」

そう言い、ぽち袋を渡した。

「親父、ダメだよ」

と言うより早く、息子はサッと受け取り、ポケットにしまった。

そういう魂胆だったか……。

308

亡くなった母の肉じゃがを再現して父に食べてもらう

レシピがどこかに残ってませんか？
なくても、料理上手なあなたのことだから、心の記憶のレシピで。

309

父（母）に仕事の悩みを聞いてもらう

お父さんも、お母さんも、聞きたがっているに違いないんです。
あなたの弱音や愚痴をね。

310

なかなか買えないワンランク上の化粧品をプレゼントする

迷いますよね。よほど思い切らないと、買えないものですよね。だから……。

311

着るもの、髪型、持ち物など老けないオシャレの手伝いをする

「老け防止」は、まず格好から始まります。オシャレをすると、心も若返ります。

312

嫁やご近所などとの人間関係で我慢していないか、先回りして気遣う

いくら歳を取って経験を積み重ねても、人間関係の悩みは尽きないものなのです。

313

ディズニーランド、オシャレなカフェなど興味はあるけれど行きづらいところへ付き合う

シニア層には、スターバックスにも入りづらいという声が多いらしいです。

314

年賀状の宛名を代筆する

「もういい加減に、年賀状なんてやめたらどうなの？」

「バカ言うな」

父は、律儀で昔気質。毎年、年賀状を１０００枚以上も書いている。宛名はすべて手書きだ。かつ、「お元気でご活躍のことと思います」とか「お子さんはお元気ですか」などと、１行だけだがメッセージを添える。

「メールの時代だっていうのに。せめて、宛名だけでも印刷にしたら？」

机に座り、無言で黙々と宛名を書いている。以前、中学の教師をしていた。そのため、生徒から年賀状が届く。父のポリシー、それは「いただいたら返す」。その年届いた年賀状には、必ず送る。数が多いから、年賀状が発売される11月１日から書き始める。３年前に学校を定年退職したが、その数は今のところ減ってはいない。40年前の教え子のも含まれている。それは父の人徳だと思うと、娘として誇らしくはある。それにしても……。

その翌日、帰宅すると食卓の上にハガキが置いてあった。母が言う。

「それ、今日来てたわよ。山村さんって、あなたの中学の時の女の先生でしょ」

「え⁉」

私は、カバンも置かずにハガキを手にした。そこには……。

「お久しぶりです。あの時の同じクラスの田川陽向《ひなた》さんから聞きました。5月にご結婚されるとのこと。おめでとうございます。卒業された後も、ずっと気に掛けていました。とても嬉しいです。どうかお幸せに。別便で僅かですがお祝いの品お送りします」

私は、当時、イジメに遭っていた。それをずっと寄り添って守ってくれたのが、担任の山村先生だった。先生がいなかったら、私はどうなっていたかわからない。それにしても、20年以上も経っているのに「ずっと気に掛けていました」なんて。

私はにじんだ涙を指で拭った。たった1通のハガキが、こんなにも胸に沁《し》みるとは……。

夕食を食べ終えて、父に言った。

「お父さん、年賀状のさあ……」

「なんだ」

「宛名、私が書こうか？」

「え!?」

「だって、腱鞘炎《けんしょうえん》で指が痛いってボヤいてるでしょ」

「う、うん……。そうしてくれると助かることは助かる」

親孝行なんて言うほど大袈裟《おおげさ》なことではない。でも、父の書く年賀状の中には、きっと私のように泣いてしまう人もいるに違いないと思ったのだ。そのお手伝いができたら、こんなに嬉しいことはない。父がポツリと言った。

「結婚に続いて、俺には何よりの親孝行だ」

315

最期を看取る

「部長、金曜日、お休みいただきます」

「おう、奥さんの出産、もうすぐだったな。プロジェクトは目途がついているし、休め、休め」

「はい、ありがとうございます。荷物とか持って、僕が一緒に実家に付き添います」

「奥さん孝行だなぁ、オレの時代では考えられないよ」


田口涼馬は、社食で焼肉定食を食べながら、部下と休暇の話をしていた。

「いや、僕らの同期だって、当たり前ではないですよ。妻は一人で行けるからいい、って言うんですけど、北海道でしょ。大きなお腹抱えて一人で飛行機に乗せるのは心配で。……そういえば、部長のお母さんのお加減、いかがですか?」

涼馬の母親は、何度も入退院を繰り返しており、先週また救急車で運ばれた。

「うん、今度はさすがにいかん。明日ってことはないが、近いな」

「そうですか、大変ですね」

「うん、若い頃、悪さして苦労かけたからなぁ、最期くらいは看取りたいと思ってる。実は、先生と相談して、在宅介護に切り替えて看病するんだ」

「それは奥さん、大変ですね」

「いや、カミさんも頑張るって言ってくれるんだけど、俺が主にやろうと思ってるんだ」

と、涼馬は、箸を置いて真顔で言った。

「え？　……どういうことですか？」

「部のみんなには悪いんだが、実は、介護休業を申請しようと思ってる」

「え！　介護休暇じゃなくて？」

介護休暇は1年で5日間まで給料が支払われるが、介護休業は通算93日までとれるが無給になる。涼馬の会社ではこれらが制度化されているが、ほとんど取得する者はいない。

「部長、思い切りますねぇ。でも、大賛成です。部長が取得してくださると、これからの若い連中が取りやすくなって安心できますよ」

「オレのオフクロだからな。でも、ちょっと仕事が心配な気持ちもある」

「大丈夫！　仕事はみんなで頑張りますよ‼　頑張ります‼」

「どうしたんだ、そんなにお前が力まなくていいよ」

「……部長には話したことなかったですけど、僕は母親の顔知らないんです」

「え？」

「僕が2歳の時、病気で亡くなって……。だから親孝行も親不孝もできなくて」

涼馬は、何も言えなくなってしまった。これから、たぶん24時間の付き添いが始まると思うと、正直「しんどいな」とも考えていたからだ。

「そうか……。辛《つら》いこと思い出させてすまん。看取れるのは、幸せだよな」

涼馬は、その足で総務部へ介護休業の申請手続きに向かった。

316

父と腕相撲をする

わざと負けた方がいいのかな。
それとも全力でぶつかった方がいいのかな。悩ましい。

317

病床の母に化粧をする

お化粧をすると、元気になれる。
化粧療法といって医学的にも証明されているそうです。

318

昇進した辞令を見せる

子供の頃、良い点数の時だけ、親にテストを見せた
記憶がありませんか？　あれと同じ。

319

来たる日の介護のために積み立て貯金をする

介護ってお金が掛かるんです。
介護って、突然やってくるんです。その準備。

320

大昔あったことに「あの時○○してくれてありがとう」と言う

お父さん、お母さんに感謝していますか？
具体的に何を、どのように感謝していますか？

321

突然、里帰りしてびっくりさせる

ほとんど帰省しないから、びっくりするんですよね。
本当は、びっくりされない程度に帰れたらいいね。

322

延命治療について希望を聞いておく

「ちゃんと聞いてくれ！」

珍しく父が怒った。私たち姉妹は、幼い頃からほとんど叱られた記憶がない。

「もし俺が危篤《きとく》になっても、一切の延命治療はするなよ、いいな！」

「そんなこと、いま言わなくてもいいじゃない」

その父は72歳。1度だけ、大腸のポリープ手術で入院したことはあるが、いたって元気だ。年に1度の健康診断では、ほぼ健康だと言われている。

「いいか、よく聞いてくれ。もし俺が自分で食事が摂《と》れなくなったら、栄養だけ身体に入れるなんてしないでくれよ。もちろん、胃瘻《いろう》なんてもってのほかだ」

「そんな……、縁起でもない」

そう言っても、父は話を続ける。

「苦しそうでも、人工呼吸なんてしなくていい」

そんな父の話を聞いても、妹は案外冷静だ。

「わかった、わかった、お父さん。お父さんの言う通りにするわ」

「何言ってるのよ、美紀！」

「たぶん何かあったのよ、お父さん。そうでしょ？」

私は、父の方を改めて見た。

「そうなんだ、ちょっと辛《つら》いことがあってな」

私と妹は、顔を見合わせた。


「昨日な、大学の時の悪友のお見舞いに行ってきたんだ」

「ああ、進藤のおじちゃんね」

進藤さんは、父の親友で昔からよくうちへ遊びに来ていた。

「あいつ、もう病院のベッドで寝てるだけなんだよ。俺が呼び掛けても返事できない。よくいう植物人間なんだ。胃瘻して栄養入れて、点滴のチューブで繋《つな》がれて。突然、危篤になったもんだから、家族が慌《あわ》てふためいて『できるかぎりのことをしてください』ってお医者さんに言ってしまったらしいんだ。でも、何週間か経って、奥さんも子供さんたちも後悔し始めたって言うのさ。うちの父は、潔《いさぎよ》い男だったたって。エエカッコしいだったたって。だから、こんなことまでして、生きてることを望んでいたのだろうかって。それ見て決めたんだよ、俺は潔く死にたいってな」

妹は、うんうんと頷《うなず》いて聴いている。でも私は、「そんなぁ〜」と漏らしてしまった。

「いいか、お前たちも自分の死に方、よく考えておけよ。いつ人間は死ぬかわからないんだ。死に方を考えるってことはな、生き方を考えるってことなんだ。2人とも、後悔しない生き方をしなさい。今日を一所懸命に生きなさい」

私は、もう言い返すこともできず、こくりと頷《うなず》いた。

323

母子手帳を見せてもらい、子育ての苦労話を聞く

まだ残っているでしょうか？　まずは訊いて、一緒に探すところから始めましょう。

324

恥ずかしくてなかなか買えないアイドルの写真集やポスターを買ってきてあげる

お母さんにだって、好きなタレントはいるはずですよ。お父さんの手前、口に出さないだけ。

325

不用品をネットで売り出してあげる

不用品が現金に換わるとしたら、大喜びなこと間違いありません。

326

「父の好物の夕飯の日」を家族でもうける

同居していると、どうしても子供中心のメニューになるから。

327

父母ともに病気がちで旅行できなくなってしまったが、今まで一緒に出掛けた旅の思い出話をする

「一番楽しかったところはどこ？」って尋ねることから会話が始まる。

328

握力の弱くなった母のため、水道の蛇口を開けやすくする補助具を設置する

握力の低下。これは、実際に歳を取らないとわからないんです。

ふだん言えない
感謝の気持ち

まずは小さなことから

お母さん、お父さんに ありがとうメッセージ

「ありがとう」という感謝の気持ちは、親孝行の原点です。両親への「ありがとう」を、それぞれ10個ずつ書き出してみましょう。大きなことである必要はありません。小さな、小さな、当たり前のことの方がいいかもしれません。

お母さんへのメッセージ例

・お母さん、五体満足に産んでくれて、ありがとう。
・お母さん、高校まで毎日、お弁当を作ってくれて、ありがとう。
・お母さん、カレシとケンカした時、相談に乗ってくれて、ありがとう。
・お母さん、箸の持ち方が間違っていると叱ってくれて、ありがとう。
・お母さん、就職してからも私の分の洗濯までしてくれて、ありがとう。

お父さんへのメッセージ例

・お父さん、幼い頃、真夜中に熱を出した私を病院へ連れて行ってくれて、ありがとう。
・お父さん、小さい頃仕事で疲れているのにドライブに連れて行ってくれて、ありがとう。
・お父さん、バスケの新人戦に応援に来てくれて、ありがとう。
・お父さん、就活の時、面接の練習相手になってくれて、ありがとう。
・お父さん、何不自由なく今まで育ててくれて、ありがとう。

お母さんへの「ありがとう」

1
2
3
4
5
6
7
8
9
10

お父さんへの「ありがとう」

1
2
3
4
5
6
7
8
9
10

親の暮らしを
もっと快適に

健康に気配りする
家電

親の心配は、したらキリがないけれど、振り込め詐欺や押売りの対策はしておきたい。我慢しがちな冷暖房や健康を気遣う家電は、贈ったら「ラクになった」と喜んでくれるかな。

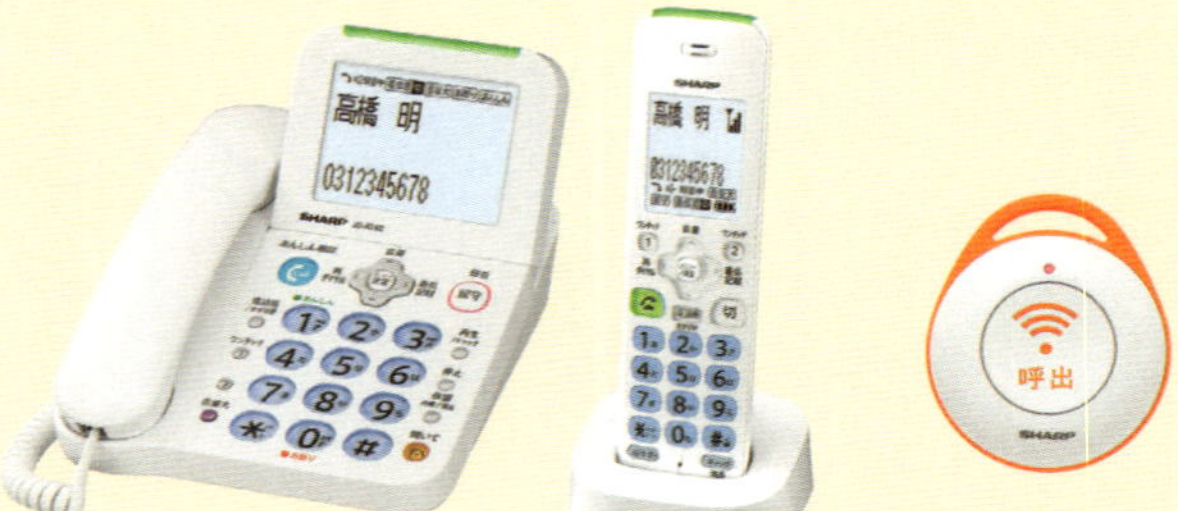

緊急呼出ボタン

329

もしもの時に緊急呼出できる

デジタルコードレス電話機

JD-AT82CE　シャープ　オープン価格 [1]

緊急呼出ボタンを押したり、毎日のモーニングコールに応答がないと登録先に自動連絡あり。離れて暮らす親の見守りに最適。振り込め詐欺対策の7つの機能搭載。

※(税込)という表記のない価格は、全て税別です。　※記載内容は2019年10月現在のものです。

330

押売りの撃退に！ 録画機能付きで安心

ワイヤレステレビドアホン

VL-SGD10L
パナソニック
オープン価格［2］

配線工事が不要で無線で繋がるから簡単設置。ボタン1つの簡単な操作で、室内のどこに居ても音声動画で来客と通話ができる。留守でも来訪者を録画可能。

331

介護の見守りと声掛けにも便利

ホームネットワーク システム 屋内カメラキット

KX-HJC200K-W（ホームユニット KX-HJB1000-W 1台、屋内カメラ KX-HJC200-W 1台のセット）　パナソニック　オープン価格［2］

離れた部屋にいる親の様子をスマートフォンから見守れます。夜間やカメラの画面を切り替えての映像確認が可能。スマートフォンから声を掛けられる。

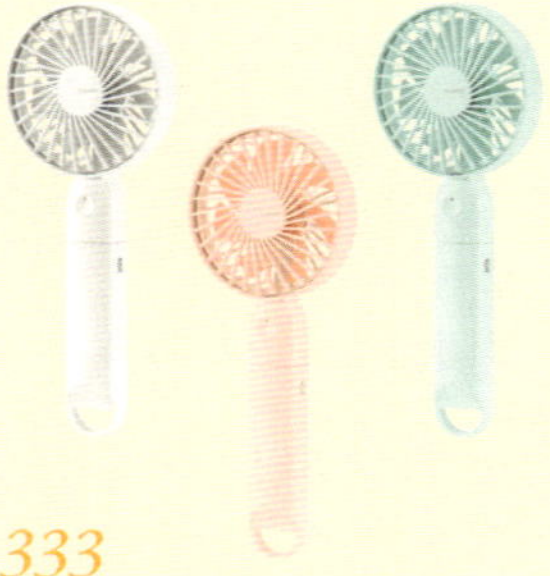

333

手持ちで涼めて
熱中症対策に最適

FUWARI ハンディファン
モバイルバッテリータイプ
YE-H50　YAMAZEN
オープン価格［3］

卓上や外出先で人目をはばからずに涼めるハンディファン。152gの軽量でストラップを首から掛けても疲れにくい。スイッチオンで運転開始の簡単操作。USB充電。
※色やデザインが変更している場合や、完売している可能性があります。

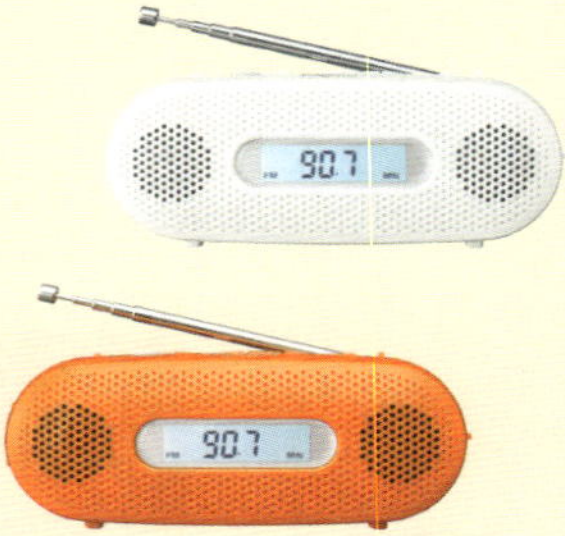

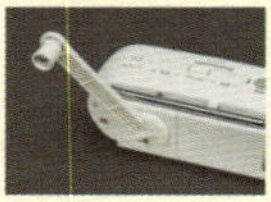

332

もしもの時、ラジオが
聞けて携帯が充電できる

手回し充電ラジオ
FM-AM 2バンドレシーバー RF-TJ20
パナソニック
オープン価格［2］

乾電池がなくてもいざという時にラジオ・ライトが使える手回し充電対応。軽量288gコンパクトな幅14cmで持ち運びに便利。携帯電話への充電ケーブル付属。

334

花粉や犬の毛やニオイも
パワフルに吸引

加湿空気清浄機
F-VXS90　パナソニック
オープン価格［2］

手ごわい花粉やハウスダストなど空気中の様々な汚染物質をナノイーXで抑制。床上30cmにたまりがちな花粉やハウスダストをしっかり吸引。汚れの種類に応じて気流も制御してくれる。

※（税込）という表記のない価格は、全て税別です。　※記載内容は2019年10月現在のものです。

335

ヒートショック防止に スイッチONで足元温める

消臭セラミックファンヒーター
DSF-VL084　YAMAZEN
オープン価格［3］

人がいる時だけ運転する人感センサー搭載で足元を効率よく温める。キッチンやトイレ・脱衣所などニオイがこもりやすい場所に最適な消臭フィルター付き。

336

お部屋の温度で見守り

インバーター冷暖房除湿タイプ ルームエアコン
CS-UX250D2　パナソニック
オープン価格［2］

パワフルに冷やし&暖めるほか、ダニや花粉などのアレル物質も抑制してくれる。スマートフォンのアプリで遠隔操作が可能で、センサーで離れている家族の様子もわかる。使用には無線LANの環境が必要。

337

コンパクトで軽量の電動アシスト自転車

Jコンセプト　電動アシスト自転車

BE-JELJ012　パナソニック サイクルテック　メーカー希望小売価格110,800円［4］
※専用充電器含む

車体重量18.2kgの軽量・コンパクト設計だから軽い乗り心地で小回りが利きます。大きなボタンでアシストモード、ライトの切り替えもスムーズ。液晶画面で電池残量も分かりやすい。

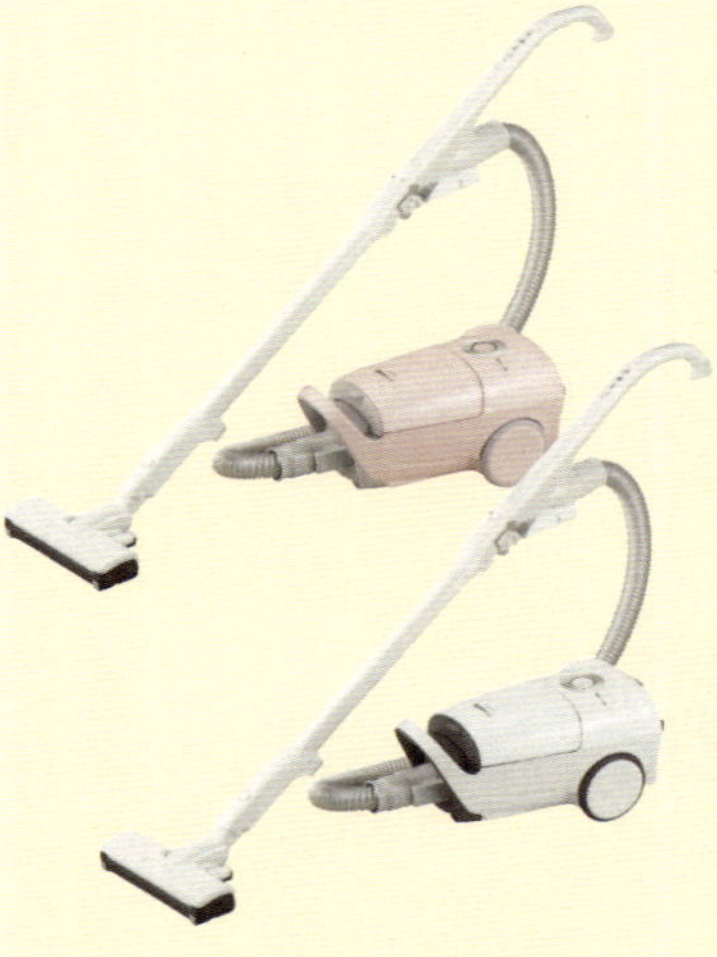

338

軽さ2.0kgで腰に負担がかからない

紙パック式掃除機

電気掃除機　MC-JP820G
パナソニック
オープン価格［2］

業界最高水準の2.0kgで軽くて持ち運びしやすいから、階段や引き回しなど家中の掃除がラクに。ハンドルが長いので屈まなくてもよく、腰への負担が軽減。

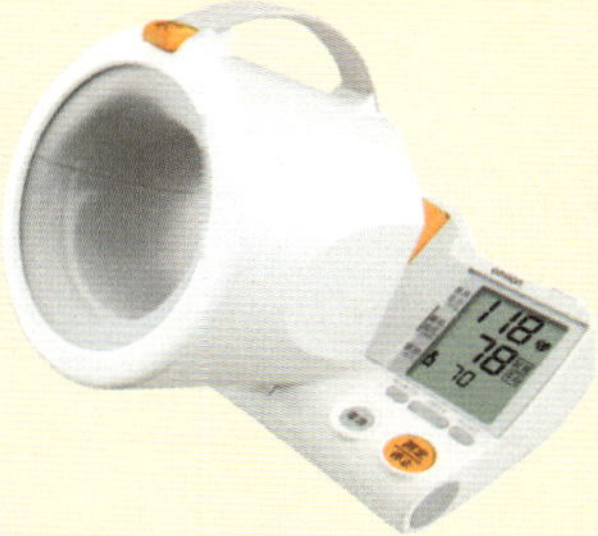

339

血圧を測って
体調コントロール

デジタル自動血圧計
スポットアーム

HEM-1000　オムロン
オープン価格［5］

腕を通すだけで正しい測定姿勢になるので、誰でも簡単に正確な測定ができる血圧計。電源を入れて測定ボタンを押すだけの簡単操作。2人分メモリ機能付き。

340

肉はホロホロ、小魚は骨までやわらかに

電気圧力なべ

SR-MP300　パナソニック　オープン価格［2］

圧力調理で栄養と旨味を逃さないヘルシー料理が短時間で作れます。小魚は骨まで丸ごと食べられ、骨付き肉はホロホロに。飲み込みに不安があっても安心。

親と離れて暮らす人に
おすすめしたい

もしもの時に安心な
見守りサービス

毎日会いに行けないけれど、さりげなく健康は見守りたい。もしもの時にすぐに駆け付けてくれるサービスは、お守り代わりに入っておいたら、親も自分も安心できる。

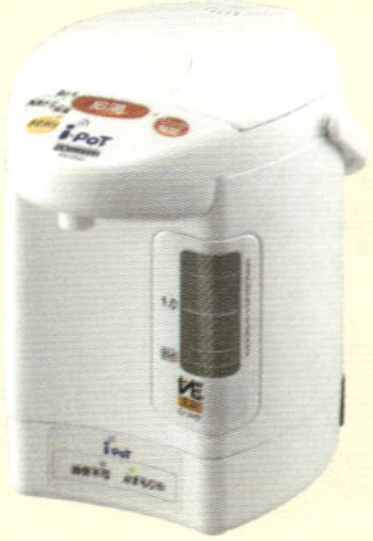

342

親の元気な生活をさりげなく見守る

みまもりほっとラインiポット
CV-DA22 象印
月額3,000円［7］
※初期費用5,000円

無線通信機を内蔵した電気ポットを毎日使うことで使用状況が家族の携帯電話やパソコンに1日2回メールで届く。1週間のポットの使用状況のグラフから生活リズムも見守れる。容量2.2L。

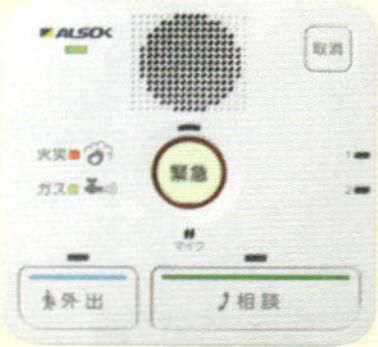

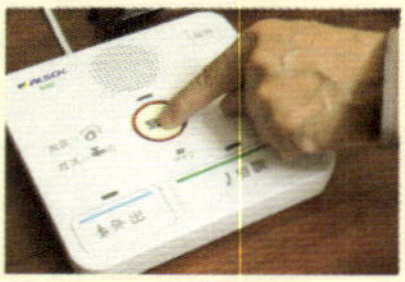

341

もしもの時の駆け付けサービス

HOME ALSOK みまもりサポート
ALSOK　月額2,960円［6］

離れて暮らす親が体調不良やケガなど、もしもの時に自宅にガードマンが駆け付けてくれるほか、日々の体調の相談まで、ボタン1つで24時間繋がるサービス。

※（税込）という表記のない価格は、全て税別です。　※記載内容は2019年10月現在のものです。

343

毎日の体調を見守れるから安心

NTTドコモ アプリ つながりほっとサポート

ドコモ　月々の携帯料金のみ [8]

利用者の毎日の体調や歩数計の歩数、画面ロックの解除有無、電池残量などで安否確認や日常の様子を1日1回登録メンバーにメールで知らせるアプリ。月額使用料無料。らくらくスマートホン・らくらくホンに対応したサービス。

344

親の様子を郵便局員が教えてくれる

郵便局のみまもりサービス

日本郵便　月額2,500円 [9]

月に1回、郵便局員が離れて暮らす親に30分ほど直接訪問して、生活状況を写真付きメールで伝えてくれるサービス。健康・医療・介護の24時間無料相談付き。

345

日々の健康管理やもしもの救急通報に

セコム・マイ・ドクターウォッチ

セコム　月額900円［10］

リストバンドの装着で自宅や外出先で急に体調が悪くなった時に緊急対処員が駆け付けるサービス。倒れた時も自動で通報。消費カロリーや歩数表示で健康管理も。

※「セコム・ホームセキュリティ」のオプションサービス

346

離れて暮らす親と繋がり安心

セコムみまもりホン

セコム　月額2,200円［10］　※加入料金10,000円

シニアや持病がある人のための安否確認、位置検索・駆け付けサービス（有料の場合あり）。電話で看護師との無料健康相談もできる。毎月27分の無料通話付き。

※（税込）という表記のない価格は、全て税別です

親に贅沢な時間を
プレゼントしたい

食や旅で癒される カタログギフト

日頃からお世話になっている親へ感謝を込めて贈りたい、旅や食事や体験が楽しめるカタログ。時には羽を伸ばしてゆったりとした贅沢《ぜいたく》な時間を満喫してもらおう。

348

心に残る旅をプレゼント

JTBのカタログギフト
たびもの撰華「柊コース」

「旅・体験・レストラン」カタログ164ページ
「グルメ・雑貨」カタログ96ページ
JTB商事　30,600円［12］

JTBならではの全国の名旅館やホテルの宿泊・体験と、国内外のグルメ・雑貨カタログの2冊セット。両カタログ計約370アイテムから好きなものを1品選べる。温泉旅行など親世代に喜ばれる旅の提案が豊富に揃う。

347

全国90店から選べる 食事ギフト

レストランギフト（RED）

SOW EXPERIENCE
20,500円+送料550円［11］

鉄板焼や懐石料理、フレンチ、高級中華など全国主要都市の約90店の名店から、好きな店が選べる2人分の食事ギフト。ランチまたはディナーから選択可能。

親に便利で
アクティブな暮らしを!

あってよかった
アイデア商品

日常生活で少し不便に感じることをサポートしてくれるスグレもの。親にはいつまでもアクティブに輝いていてもらいたいから、思わず笑顔になれるアイデアを贈ろう。

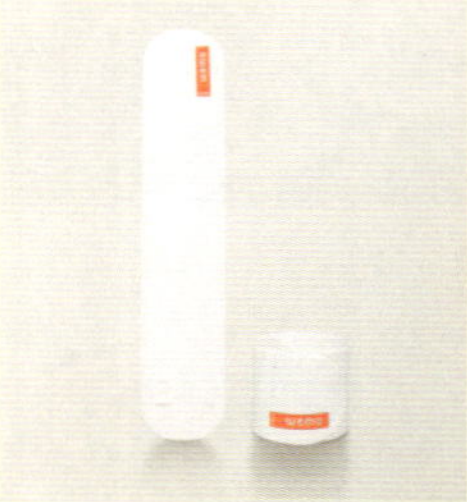

349

記憶を助ける! 腕に巻き付けるメモ帳

wemo ウェアラブルメモ バンドタイプ
W45mm×H238mm×D8mm　コスモテック　1,200円［13］

油性ボールペンで書いて、消しゴムや指で消して繰り返し使えるシリコンメモ帳。水に濡れても消えないから、腕に着けたまま炊事や洗い物、買い物もOK。

※(税込)という表記のない価格は、全て税別です。　※記載内容は2019年10月現在のものです。

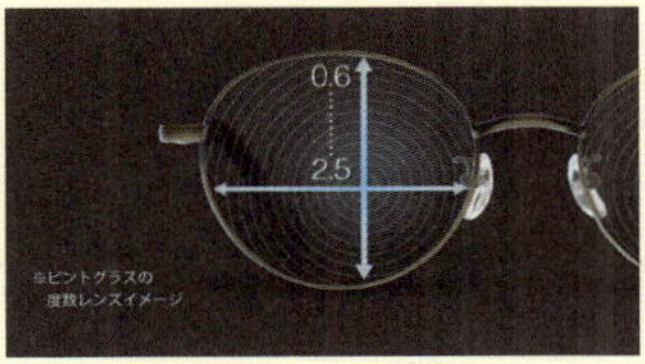

350

自分の目でピントを探すシニアグラス

PINT GLASSES

PG-707-RE(レッド)　老眼度数:+2.50D〜+0.6D　小松貿易　9,250円［14］

独自開発の複数の度数を持った多焦点レンズの採用で、ピントグラス1つで幅広い老眼視力に対応。長く愛用することができ、親へのプレゼントにも最適。

351

細かい文字が見づらい親にメガネ型拡大鏡

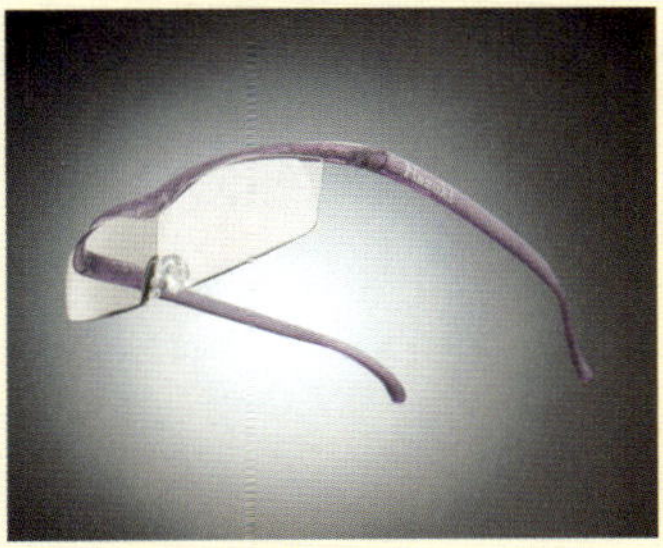

ハズキ コンパクト

Hazuki　10,167円［15］

大きく見えるハズキルーペの機能はそのまま。薄く、軽く、小さく進化したモデル。拡大倍率は1.32、1.6、1.85倍の3種類。フレームも10色から選べる。レンズサイズはほかに大きなレンズ、スリムなレンズあり。日本製。

352

忘れ物防止で親のお出掛けをサポート

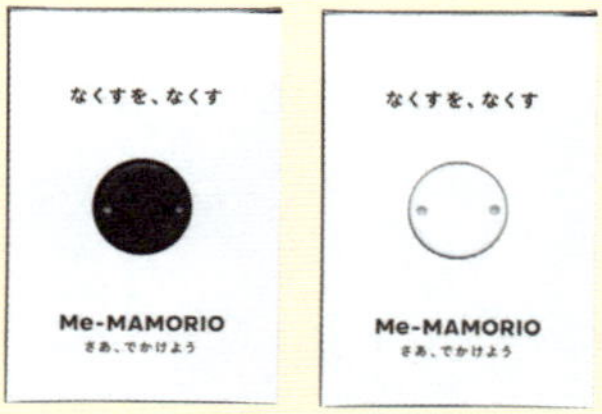

Me-MAMORIO

MAMORIO　4,500円 [16]

財布、鍵、バッグなど大切なものに付けておくと、手元から離れた時、いつどこでなくしたかをスマートフォンに知らせてくれる。24時間受付の医療、介護、法律相談のサポート付き。

353

自分の誕生日に親へ感謝を込めて花を贈ろう

そのまま飾れるブーケ

日比谷花壇
3,300円～+送料1,000円 [17]

直接会えない人には、花を贈るのもおすすめ。スタンディングタイプのブーケはお手入れが簡単。アレンジメントのようにそのまま飾れます。栄養分と抗菌剤を含んだ切り花用保水ゼリーが入っているため、水やりの手間がない。様々な色合いやデザインから選ぶことができる。

※(税込)という表記のない価格は、全て税別です。　※記載内容は2019年10月現在のものです。

354

医療関連アイテムを
ひとまとめに収納

けんこう君ホルダー A4サイズ

IF-3041W　ナカバヤシ　760円［18］

診察券やおくすり手帳、領収書など医療アイテムをまとめて保管できる壁掛け収納用品。付属のマグネットで冷蔵庫にも設置可能。体重管理シート付き。A5サイズもあり。

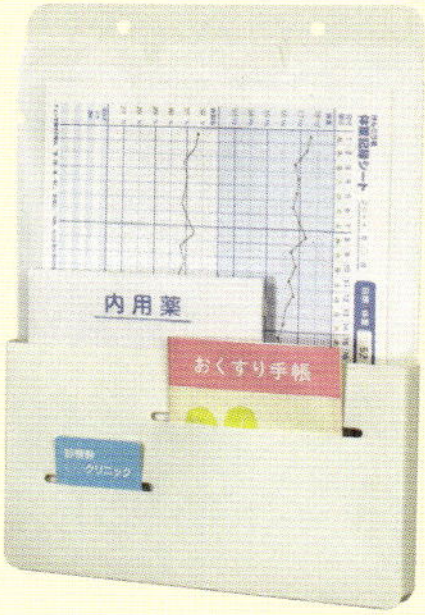

355

愛犬の成長を見守る楽しみ

aibo

ERS-1000　ソニー　aibo本体198,000円+aiboベーシックプラン90,000円（3年間）［19］

ネット接続で学習・記憶する犬型のエンターテインメントロボット。オーナーの育て方で性格や振る舞いが変わってくるので、日々の成長を見守るのが楽しみに。

お出掛けや買い物
暮らしの安心まで

快適にサポートする
交通サービス

全国各地の身近なタクシー会社が提供するサービスは、還元から病院の送迎、駆け付けまで様々。遠くの親に会いに行く時は、お財布に優しいLCCなら年1回と言わず何度でも。

357

病院や介護施設へのお出掛けのサポート

サポートタクシー
日本交通グループ
サービス範囲／東京23区・三鷹市・武蔵野市内
最初の1時間5,320円（税込）＋30分ごと2,460円（税込）※完全予約制［21］

介護職員初任者研修2級、普通救命技能認定（AED）など介護資格や経験を持つドライバーが通院や買い物、訪問、冠婚葬祭、墓参りなどをサポートしてくれる。

356

65歳以上限定のポイント還元サービス

MKグランシニアTACPO
MKタクシー
サービス範囲／京都・滋賀エリア［20］

65歳以上で発行可能な会員カード。運転経歴証明書の写しを提示すると300ポイント（初回限り）、タクシー利用時に2%ポイント還元、3万円利用ごとに500ポイントなどお得なサービスが満載。

※（税込）という表記のない価格は、全て税別です。　※記載内容は2019年10月現在のものです。

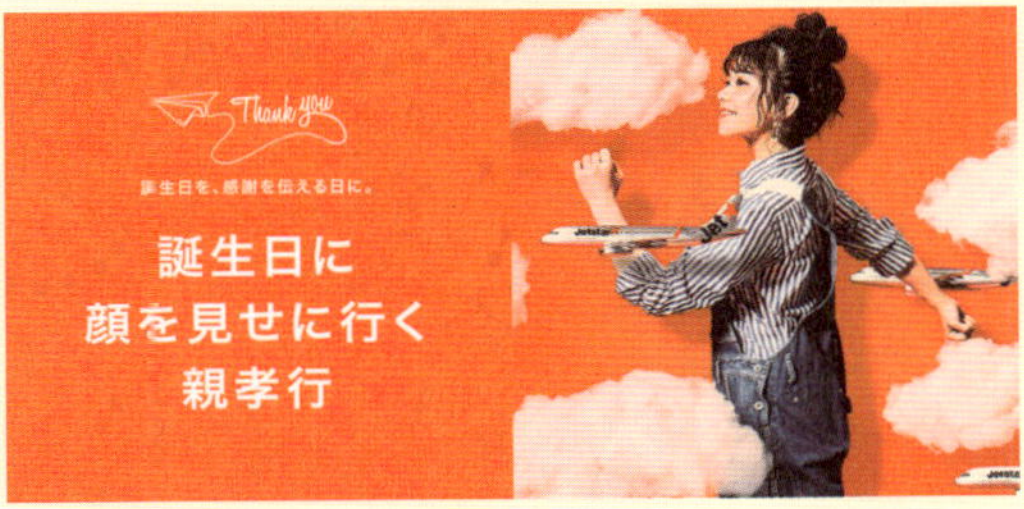

358

誕生日に顔を見せに行く親孝行

サンキューかあちゃん、とうちゃん

ジェットスター・ジャパン　国内線 片道2,990円〜※［22］

離れて暮らす親に「顔を見せに行く・食卓を囲む・そしていっしょに笑う」という親孝行を国内線24路線1日最大130便のLCCでかなえられる。
※2019年9月25日時点の情報。上記の運賃には諸条件が適用されます。

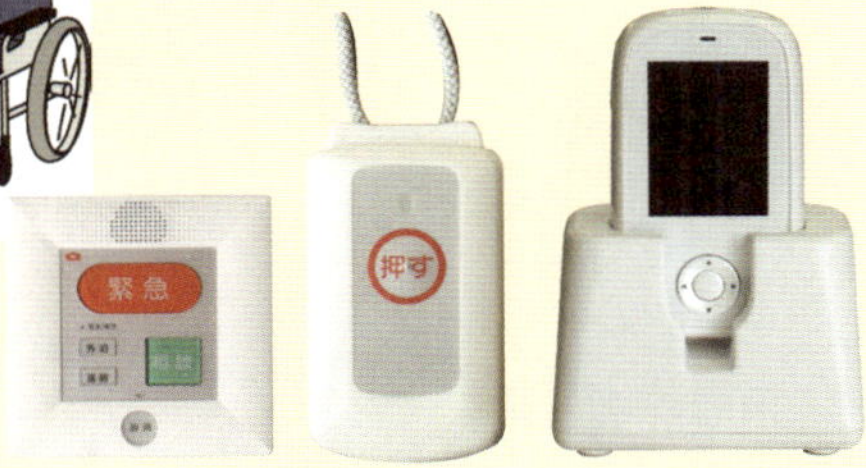

359

介護保険適用の24時間駆け付けサービス

24時間かけつけ介護

つばめタクシー　サービス範囲／名古屋市内のみ
月額2,015円＋かけつけ料金1回20分未満294円［23］

緊急ボタンを押せば20分以内にケアドライバーが駆け付けるサービス。決まった時間・曜日に自宅に訪問し、就寝準備やトイレ介助などの介護も可能（419円／1回）。
※要介護度1以上。

日常にちょっとラクをプレゼント

不自由が増えたら
介護用品

親の暮らしを少しサポートしてあげたら、笑顔がもっと増えるかな。いつも使うものだから、少し奮発して、品質にこだわった、ものづくりの真心がこもったものを。

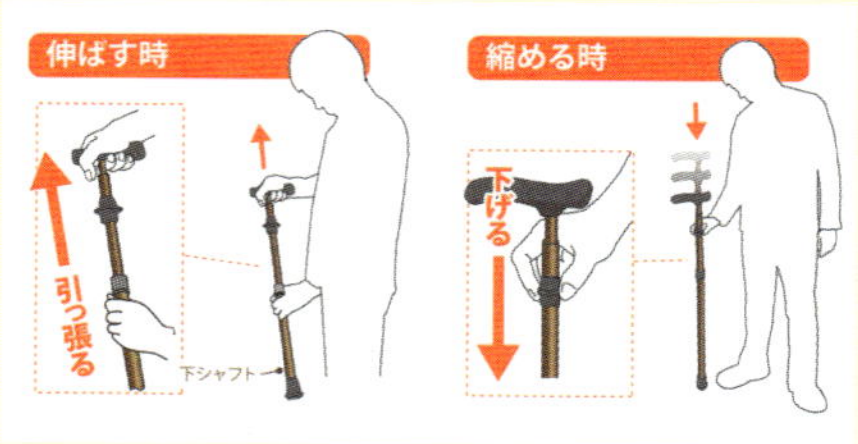

360

**長さの調節が簡単！
歩行に安心を**

カイノス 自由自在杖
使用サイズ／57−95cm（自由サイズ）
重さ 約330g　シナノ
12,000円〜［24］

片手でサッと伸縮できるから、電車やバス、車での移動や、買い物時にもジャマにならない。歩行が心許なくなった親への初めての杖に気軽に持ち運べて便利。

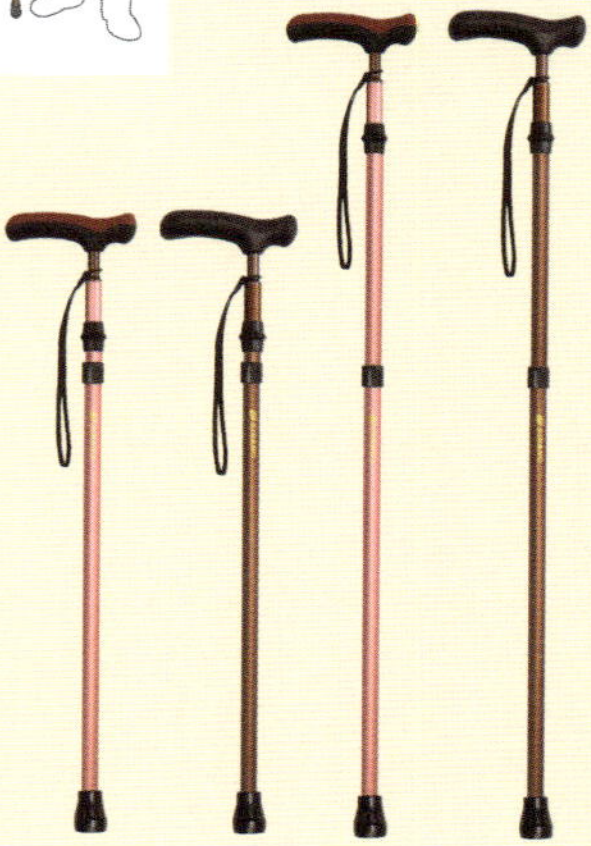

※（税込）という表記のない価格は、全て税別です。　※記載内容は2019年10月現在のものです。

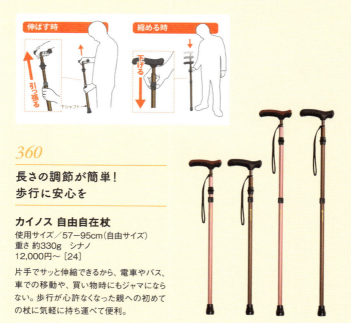

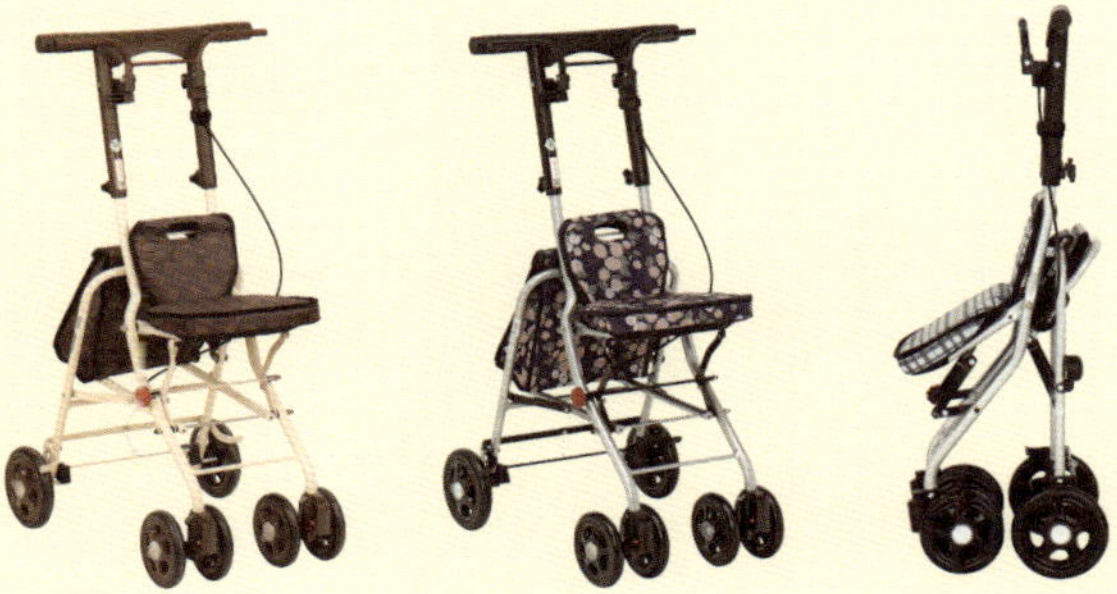

361

折り畳み式で移動に便利なシルバーカー

シプール

SICP02　幸和製作所　17,800円 [25]

両手連動ブレーキのコンパクトシルバーカー。押し手側のバックは出し入れが簡単で便利。足元ストッパーを踏むと駐車ブレーキがかかり安心。デザインは全3種類。

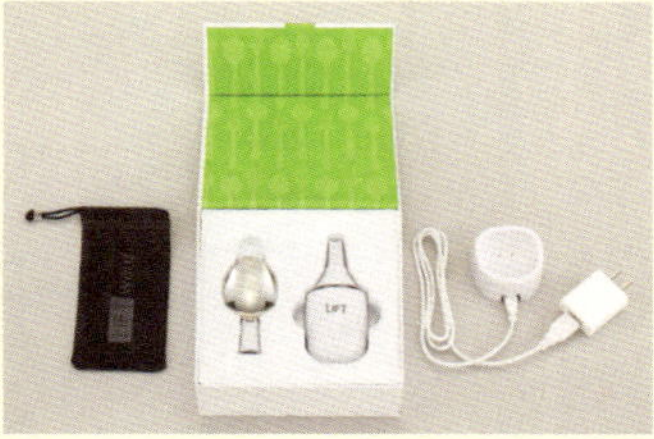

362

手が震える人のための介助スプーン

Liftware

専用スプーン取付時 W175×H47.5×D41.5mm　重さ90g
フランスベッド　介護宅配便
19,800円 [26]

手の震えを感知すると揺れが軽減されて手元が安定し、食べ物を落とさずに快適に食事を楽しむことができる機能性スプーン。介助なしに自分で食事ができるようになる。

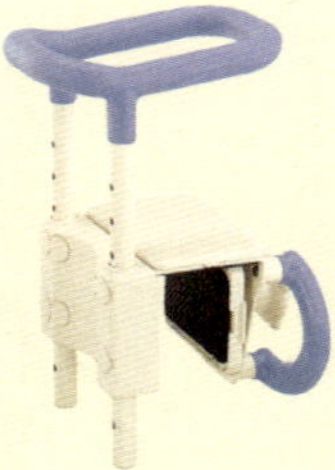

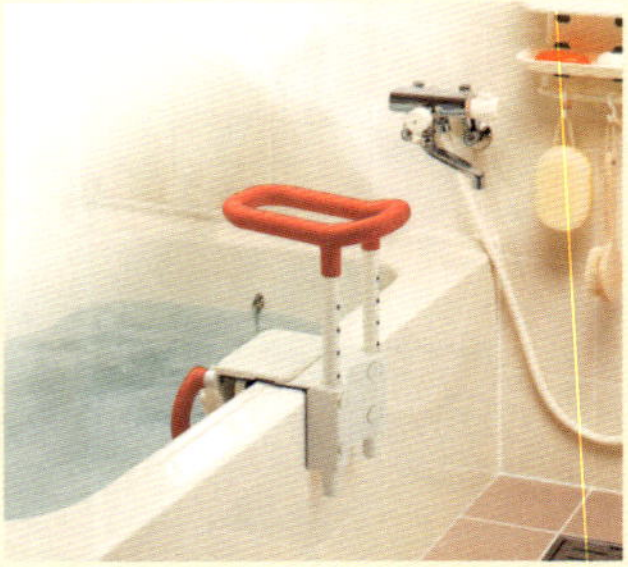

363

浴槽用手《て》摺《す》りがあれば転ばない

高さ調節付浴槽手すり

UST-130　アロン化成　18,500円 [27]

浴槽へ出入りする時のまたぎ動作を安定して支える手摺り。浴槽縁の高さに合わせて手摺りの高さが調節可能。工事不要でスピーディに取り付けられる。

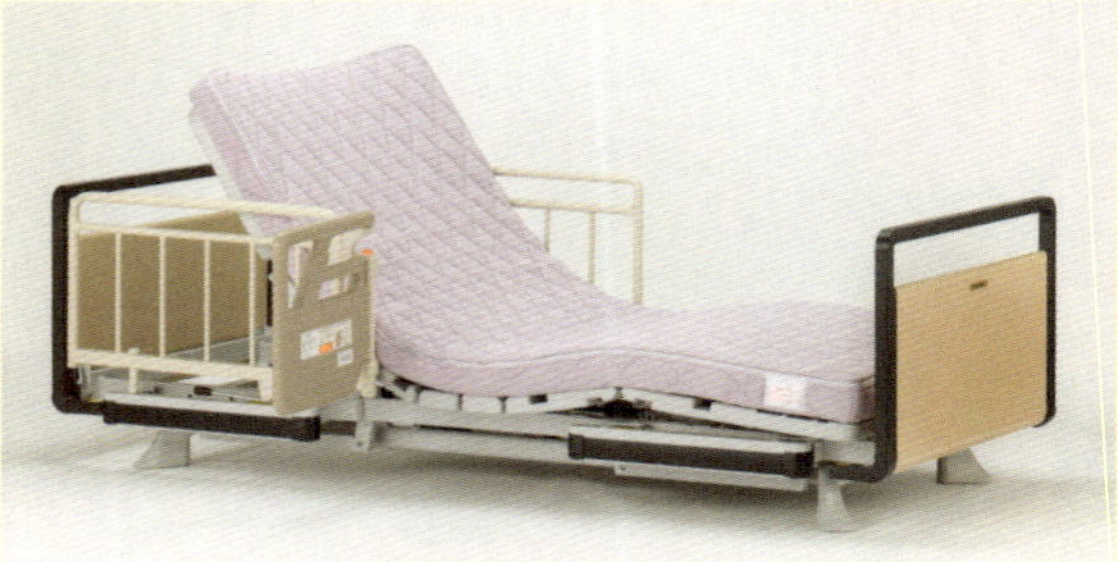

364

電動ベッドで起き上がりもラクに

マルチフィットベッド

MFB-930　フランスベッド　介護レンタル.com、リハテックショップ ほか
レンタル 13,000円（非課税）／月、販売 オープン価格 [28]

介護機能の基本が揃ったフランスベッドの新商品。介護保険適用レンタルに対応。ヘッドの角度で誤嚥《ごえん》、サイドの角度で転落を予防する。身長や部屋に合わせてマットレスのサイズ調整が可能。脚は固定とキャスター（レンタル14,300円（税込）／月）から選べる。

※（税込）という表記のない価格は、全て税別です。　※記載内容は2019年10月現在のものです。

お問い合わせ先・写真提供

[1] シャープ株式会社　https://jp.sharp/

[2] パナソニック株式会社　https://panasonic.jp/

[3] 株式会社山善　https://www.yamazen.co.jp/yamazenbook/

[4] パナソニック サイクルテック株式会社　https://cycle.panasonic.com/

[5] オムロン ヘルスケア株式会社　https://www.healthcare.omron.co.jp/

[6] ALSOK　https://www.alsok.co.jp/person/mimamori/

[7] 象印マホービン株式会社　http://www.mimamori.net/

[8] 株式会社 NTT ドコモ
https://www.nttdocomo.co.jp/service/tsunagari_hotto_support/index.html

[9] 日本郵便株式会社　https://www.post.japanpost.jp/life/mimamori/

[10] セコム株式会社　https://www.secom.co.jp/

[11] ソウ・エクスペリエンス株式会社　https://www.sowxp.co.jp/catalogs/198

[12] 株式会社 JTB 商事　https://www.jtb.co.jp/gift/nicegift/tabimono/

[13] 株式会社コスモテック　https://www.wemo.tokyo/

[14] 小松貿易株式会社　https://www.pintglasses.shop/

[15] Hazuki Company 株式会社　https://www.hazuki-l.co.jp/shop/

[16] MAMORIO 株式会社　https://mamorio.jp/

[17] 株式会社日比谷花壇　https://www.hibiyakadan.com/

[18] ナカバヤシ株式会社　https://www.nakabayashi.co.jp/

[19] ソニー株式会社　http://aibo.com

[20] エムケイ株式会社　https://www.mk-group.co.jp/

[21] 日本交通株式会社　http://www.nikkotaxi.jp/

[22] ジェットスター・ジャパン　https://campaign.jetstar.com/oyakoukou/

[23] つばめ自動車株式会社　http://www.tsubame-taxi.or.jp/

[24] 株式会社シナノ　https://www.kainos.jp/

[25] 株式会社 幸和製作所　https://kowa-seisakusho.co.jp/

[26] フランスベッド株式会社　https://www.francebed.co.jp/brand_site/liftware/

[27] アロン化成株式会社　https:/www.aronkasei.co.jp/anju/

[28] フランスベッド株式会社　https://medical.francebed.co.jp/brand_site/multi_fit/

365 あとがき

私は、親不孝者でした。そんな私が、「親孝行」の本を書いてもいいのだろうか。編集長から執筆の依頼を受けた時、戸惑いはしたものの引き受けることにしました。反面教師という言葉もあります。親不孝者だったからこそ、わかることがあるのではないかと思ったのです。


たとえば……。ある時、私の母が親指が痛いと言って訴えました。

「俺に言わずに医者に行けよ」

「もう行ったわよ。治らないかもしれないって」

「それなら痛みと付き合うしかないじゃないか」

「もういい、知らない」

母が亡くなって、何年もしてから気付いたこと。それは、私にどうにかして欲しかったわけではなく、ただ、「痛い、痛いよ～」という苦しみを、聞いて欲しかっただけなのだと。

　こんなこともありました。

「この前ね、○○ちゃんの旦那さんがね……」

「ああ、この前聞いたよ。旅行先で病気になった話だろ」

「あら……話したっけ……いやだボケちゃったのかしら」

　それから数日後のこと。

「ねえねえ、○○ちゃんの旦那さんが旅行に行った時に……」

「何度同じ話するんだよ！」

「何よ！　何回しゃべってもいいじゃないの！」

　これも、母が亡くなってから反省しました。何度、同じ話をされたとしても、それを承知で聞いてあげるのが「親孝行」なのではないかと。

　母は、大変な苦労人でした。私には脳性小児麻痺で重度障がい者の弟がいます。

知能の発達が遅れ、左半身が麻痺して動きません。母は、一縷《いちる》の望みを託し、幼い弟を背中に負ぶってあちこちのお医者さんを回りました。

50年以上前のことです。今と違って、当時は障がい者に対する世間の風はけっして温かいものではありませんでした。人の心に差別意識もあったように思います。弟の介護で疲弊し、区役所の福祉課に相談に行った時、こう言われたそうです。「何しにきたの?」と。相談できる窓口はどこにもない時代でした。何度も何度も、弟を抱いてビルから飛び降りようとしたそうです。でも、母は死ななかった。

「あなたがいたから、死ぬわけにはいかないと思ったのよ」

そう晩年に聞きました。にもかかわらず、私はのほほんと暮らす親不孝者でした。

就職してすぐの頃のことでした。バブルの坂道を一気に駆け上がっていた時代でした。私も、「時の勢い」を「自分の力」と錯覚して、有頂天になっていました。

ある日私は、母とおしゃべりをしていてこう言いました。

「苦労しないで楽しく人生を送りたいなぁ」

と。すると、母は、急に真顔になって言いました。

「苦労のない人生なんてありえないよ。苦労しない人はバカになるわよ」

と。私は反発しました。その意味が理解できたのは、40歳近くになってからでした。当時私は、今でいうパワハラを受け、ストレスで倒れて生死を彷徨《さまよ》うという目に遭っていました。母は、「今日1日だけ頑張って生きてみよう」「死ぬのは明日でもできる」と心に刻み、気が付いたら年老いていたそうです。そんな母の「生き様」そのものが、無言の教えでした。

そんな苦労人の母を、何1つ支えることもできず、私は青年時代を過ごしました。大バカ者です。昔の人は、よく言ったものです。「墓に布団は着せられぬ」と。

私には、実に耳が痛い言葉です。

本書の365の「親孝行」が、1つでもみなさんのお役に立てればと願っています。

志賀内泰弘　しがない やすひろ

作家。世の中を思いやりでいっぱいにする「プチ紳士・プチ淑女を探せ！」運動代表。月刊紙「プチ紳士からの手紙」編集長も務める。人のご縁の大切さを後進に導く「志賀内人脈塾」主宰。思わず人に話したくなる感動的な「ちょっといい話」を新聞・雑誌・Webなどでほぼ毎日連載中。その数は数千におよぶ。ハートウォーミングな「泣ける」小説のファンは多く、「元気が出た」という便りはひきもきらない。TV・ラジオドラマ化多数。著書『5分で涙があふれて止まらないお話 七転び八起きの人びと』（PHP研究所）は、全国多数の有名私立中学の入試問題に採用。他に『No.1 トヨタのおもてなし レクサス星が丘の奇跡』『なぜ、あの人の周りに人が集まるのか？』（共にPHP研究所）、『なぜ「そうじ」をすると人生が変わるのか？』（ダイヤモンド社）、『ココロがパーッと晴れる「いい話」気象予報士のテラさんと、ぶち猫のテル』（ごま書房新社）、『眠る前5分で読める 心がほっとするいい話』（イースト・プレス）、『京都祇園もも吉庵のあまから帖』（PHP文芸文庫）などがある。

親孝行についてもっと知りたい方は ▶ https://ii0855.com/
プチ紳士・淑女を探せ！運動 ▶ https://giveandgive.com/

イラスト　松尾ミユキ
デザイン　宮下ヨシヲ（サイフォン グラフィカ）
校正　土井明弘
DTP　渡辺靖子（リベラル社）
編集　伊藤光恵（リベラル社）
営業　廣田修（リベラル社）

編集部　堀友香・山田吉之・山中裕加・須田菜乃
営業部　津村卓・津田滋春・青木ちはる・澤順二・大野勝司・竹本健志
制作・営業コーディネーター　仲野進

365日の親孝行

2019年11月27日　初版

著　者　志賀内泰弘
発行者　隅田直樹
発行所　株式会社 リベラル社
〒460-0008 名古屋市中区栄3-7-9 新鏡栄ビル8F
TEL 052-261-9101　FAX 052-261-9134　http://liberalsya.com
発　売　株式会社 星雲社
〒112-0005 東京都文京区水道1-3-30
TEL 03-3868-3275

 ISBN978-4-434-26602-7